リングイストを知っていますか?

言語・経験・おもてなしの世界で働く

Lingist

マサミ・コバヤシ・ウィーズナー
Masami Kobayashi Wiesner

現代書館

はじめに

本書では私が長いこと携わってきたリングイストという職業を知っていただきたいのです。複数言語を生活の伝手、仕事のツールにして生計を立てる人びとは通訳や翻訳だけではなく、表舞台でも舞台裏でも舞台袖や裏方さんとしても、国際社会のあらゆる場所で活躍しています。本書では、現場で体験をしたエピソードもご紹介します。

通訳は太古の交易や戦争回避努力を通じて世界で最も古い職業の一つと言われます。翻訳作業も文字をもった文明同士が出会った歴史と共に存在し続けてきた職業です。言語は交渉や契約や裁きのツールとなり、他の動物にない詳細で深い理解を可能にするコミュニケーションの方法です。聞く、話す、読む、書くに加えて異言語で内容を要約し、説明し、記載し、文化に沿った表現に直し、指示し、指導し、まとめるなど。異言語文化の接触があれば、リングイストが、目的に沿った意味において正確で中立に異言語間の中継ぎを可能にします。実現できればその言語圏の文化・文明の発展の礎となりました。

リングイストとは、コンピューター業界で言うところのＯＳとアプリの互換性を可能にするインターフェースやミッドウエアの役割を果たします。言ってしまえばそれ以上ではないわけですが、この役割もなかなか奥が深いものです。日本人として生まれ育った私の場合は、英語と日本語が接触する場で生きてきたリングイストです。

英語は世界言語として成熟しつつありますが、同時にＡＩを使うソフトも発達しています。先日シリコンバレーのグーグル本社で、フューチャリスト、レイ・カーツワイル氏の講演を通訳させてもらいました。人工知能（ＡＩ）開発の総指揮をとっているＡＩ研究の世界的権威です。今回依頼された仕事は、彼が手がけている「大脳新皮質をコンピューターシミュレーションしよう」という〝Neocortex Simulator〟プロジェクトの話で、完成すればクラウド上で展開し人間の第二の脳として使用されます。自然言語の自動翻訳はそのうちの大きな部分ですが、その時点では未完でしたので人間の通訳が雇われました。

翻訳も通訳も、ＡＩがいまだ追いついていない部分があります。「人生経験や当該文化環境を生きたからこそ身についたカン」です。一人の洗練されたリングイストの意見や判断が結果の精度に影響する場合もあります。言語は生きものですから、文法や語彙の意味解釈でも、日常生活での用例では、学者さんの言うことも必ずしも「正しい」わけではないのです。

ＴＰＯの判断もまだ難しいようです、一〇〇人のネイティブスピーカーのうち九九人が同じ表現を承認したとしても、その表現が残念ながら実用には供せないこともあり、言葉のニュアンスに繊細な理解をもつ人やプロのリングイストの言こそが本来の用に足りることもあります。

この講義のあと、「若い人は既に暗記学習を忌避しています。ＡＩが進み過ぎると学習の必要がなくなり、いずれ人類は崩壊するのでは？」とある大企業トップの日本人が尋ねました。

「機械は人間が教えるものを覚えて人間には不可能な速さで膨大なデータを分析しその内容を学習するだけです。脳細胞の数で機械と太刀打ちできないということと、人間が好奇心と脳の柔軟性をもつということは次元が違うことですから、人からの働きかけは、機械ができないところにこそ拡張させていけばよいだけです」

稀代のフューチャリストの言葉をそのままとれば、機械がＡＩを駆使する将来も人間リングイストの必要性はなくなりそうもありません。

リングイストを知っていますか？　目次

第3章 リンギストの裏話 105

第１章
リングイストを知っていますか？

〝お手伝い〟として初めて通訳をした頃の著者（左）。

1　リングイストの自覚

ヨーロッパ中世の宮殿内部を真似たきらきらのホテルで、七言語の通訳ブースが入った会議がありました。隣のブースで三日間一緒に働いた中国人女性会議通訳者に、

「通訳と翻訳とどちらを主にされる方？」と尋ねたことがあります。

中国語では話し言葉と書き言葉の技術差感はどうなのか知りたかったのです。

「もちろんどちらも。まさみさんだってそうでしょう？　通訳しかしないの？」

「いいえ、私はどちらも。でも、翻訳しかしない人もいるし……」

「でも、リングイストなら通訳だけ、っていう人はいないでしょう？」

「え？　ああ、いますよ。日本語の場合少なくないです」

「どうして？　翻訳できるぐらいの語学力や典籍の読解力がなければ良い通訳はできないはずだと思うわ」

中国語の世界ではどうもそのようです。最近「翻訳官」という中国のＴＶドラマシリーズがありました。フランス租界のあった上海で中仏語会議通訳者養成学校が舞台です。通訳者に対して「翻訳」とは不思議な表現だと思ったのですが、中国語では読み書きの翻訳知識が話し言葉を訳すことの基本であるようです。

一般的な日本語通訳では、時事ニュースやセレブ、有名人、ポップカルチャー、世間を騒がせる流行語などをある程度押さえていないと口語通訳が難しいことがあります。けれども書籍の知識や古典文学の素養などとはあまり密接なつながりがあるとも思えないのです。私が軽すぎるからでしょうか。それとも一般的に日本語の口語表現が軽くなってきたからでしょうか。

複数言語を理解し、聞いた言葉を話し言葉で表現するという通訳技術自体は教育のレベルとは独立に訓練することができます。事実、幼児でも、幼児言葉なりに日米の子どもたちの間で通訳している風景をみかけます。複数言語を理解した上で、読んだ内容を書き言葉で表現する翻訳技術は、会話通訳技術とは基本的に違う技術ではないかと思っているのですが、これも学習レベルに関係なく技術として訓練することができる基本的な言語機能なのかもしれません。小学生の作文と中学生の作文を比べるのではなく、それなりの能力なり学習内容なりをそのまま違う言語の書き言葉で表現することは可能です。

実際、いろいろな人をみて適材適所を考えると、通訳に向く人が必ずしも翻訳にも向くとは限りません。日本語では話し言葉と書き言葉は質的に違う感覚がありますが、そんなことは、普段の生活ではあまり考えません。書き言葉では同じ文章でも内容の口頭での説明は方言によって違うという場合もあるでしょう。

通訳と翻訳に中国人では男女比の差が少ないように思えます。それぞれに必要なスキルセット（持ち合わせた技能）が日本語と中国語では微妙に違うのかもしれません。

もっとも、日本で生まれ育ち、良く教育された優等生タイプのまじめな人なら、どちらも同じようにこなせるのかもしれません。私が冒頭の質問をした中国人女性は身ごなしも優雅で、少し英国なまりの気品ある本格的な英語を話す人です。

「中国語の表現では話し言葉と書き言葉とが違う技術を使うってことはないの？」

私のそんな質問に、怪訝な表情です。

「だって、私たちリングイストでしょう。どちらも正確にこなせなければ意味がないわ」

はあ……リングイストか、私には自覚がありませんでした。エージェントにはそう呼ばれます。発注書にもそう書かれています。

発注書で案件の業務内容をみて、「お、今度は会議通訳か、ついてる！」と思ったり、「逐次通訳だなあ、疲れそう」「あーあ、翻訳ねえ、大変だけど勉強になるからね、よし、じゃ、やるか」などと反応しますが、発注書や案件の合意書の頭についた「リングイスト」という肩書については、ついぞ真剣に考えたことがありませんでした。

アメリカの会議通訳では、通訳エージェンシーから音響や調整に「エンジニア」が来てくれるし、大規模で重要な会議なら「オンサイトマネージャー」や「ミーティングマネージャー」がつくこともあります。職種として確かに私はいつも「リングイスト」に分類されていました。

十年以上前ですが、こういう言葉が使われ始めたばかりの頃、ある小さな会議にエージェントが入らないのでこの肩書の名刺を使ったのですが「え？　これって？　……通訳さんですよね？普段はなにか違う仕事をしているんですか？」と日本の方から質問攻めにあいました。それ以来この用語は私の職業を説明する肩書ではなく単に契約用語になりました。

目の前のこの女性は、中国の大学で中国古典文学の研究者でした。修士か博士を取得後、公務員リングイストとして、度たび米国へ派遣されて、そこで仕事をしたいと考えるようになり、実務家として米国に暮らすようになったそうです。

この女性の場合は、元学者、元研究者ですし、正式な職名が「リングイスト」だったわけですから実務家になり通訳も翻訳もし、古語も現代語も扱い、文学からテクニカル分野までオールマイティの人です。リングイストという肩書が、いかにも彼女の資質や技能を表しています。

でも、私は……？

「まさみはどちらが多いの？　主に通訳？」

「あ、あたし……ま、どっちもやりますけどね、通訳のほうが楽。体調整えて、身体を現場にもっていって、精一杯がんばって、あとは、終わり！　ですものね。その点、翻訳は……」

「終わりがないわよね。抱えている間中はいじくりまわして直し続けるか、納品するまでは、頭から離れない。学校時代の宿題みたいにね……」

「じゃあ、みんな同じなんだ」、などと話しているうちに、交わす英語も、すましたよそゆきの言葉からだんだんぞんざいな話し方になります（ため口へとまでは言いませんが）。

「でも、私は翻訳大好き。熟考、推敲できるし、いろいろな可能性を考えるのも楽しいの。しばらくみなかった表現や概念が出てくると、いろいろな想像を働かせて……」

なるほど、この人は本当に語学が好きなんですね。私の場合は、どんぴしゃの表現がみつかったとしても、それが「目の前の人をより良く助けてさしあげられる、よりお役に立てる」かられしいのですが、みつけたことや、その表現に出会ったこと自体をそれほどうれしいなどと思ったりはしません。文学者の才にほど遠いんですね。

だから、バイリンガルのクライアントが、「あ、その言い方は間違ってますよ」「そうじゃないですよ」と私のパフォーマンスを否定しても腹も立ちません。「あ？　そ？　訂正、ありがとうございます」なんて天然ぼけみたいなやりとりになります。

また、「そこは、これこれと言うべきじゃあないかと思いますが、こちらの勘違いでしょうか」などと慇懃無礼《いんぎんぶれい》に間違ってはいない内容を訂正されることもあります。大勢に影響がなければ平気な顔で、「了解！　そうします」などと受け入れてしまいます。

ニュアンスを勘違いしている方がいても、これはクライアントの会話であって、私の会話ではないのですからそちらを尊重します。もっとも、お客様の不利になる表現に変わると判断すれば、もちろん、「お言葉ですが……」と一言申し上げます。

私は翻訳が嫌いです。「大変だし、終わらないし、相手の好みや使用目的がわかるものばかりではないし、すごく苦労する割には無駄になりそうなものも結構あるし……」と翻訳大好きと言った彼女に伝えました。

「無駄は、どんな仕事でもあるでしょう。生活のために翻訳しているの？」

そうじゃないんですよ。時間がかかって、頭が疲れるし……。おまけに、英訳ならネイティブチェックが必要なので、校正を読み合わせするときには、夫と激しい言い争いになったり、いいことなんてないんですが、時どきは、無理に自分に苦行を課すんです。翻訳するためには、一字一字をしっかり見て、どのワードもこれ以上意味を引き出せないほど、一生懸命に誠実に向き合って考えてあげて、文もできるだけ短くする。最適な表現をするために通訳のときには決して使わないような辞書も使い、気を使い、神経を使い……、人とではなくて、書き言葉や文章そのものに向き合わなければならなくなります。

その作業が、英語を正確に理解して表現する、という心がけと技術を思い出させてくれますし、新しいことを覚えていく唯一の道なんです。

これは母語にも言えることで、両方の言葉をいつも勉強しなければならないのですが、その背景にある文化は忘れがちになります。だからそれに対する警鐘です。筋肉と精神を鍛える苦行です。学問に王道はない、語学の上達にも王道がありません。

わかっているんですが、外圧がないと楽することばかり工夫する性分。彼女のように知的な楽しみのために、なんて私には無理です。

私は本格リングイストの彼女と違って「的確に表現された美」よりも、人との交わりの中で感激するタイプです。だから通訳はちっとも苦になりません。翻訳はちょっとでも気分が乗らないと集中できません。しかし、ちょっとした通訳なら子どもの頃から経験しているせいか、半分寝ていても、病気で熱に浮かされていても、まったく苦になりません。

2　日本語通訳の醍醐味

通訳として現場では目の前のお客様にひたすら自分のスキルや照準を合わせ続けます。そして、実は、お客様のほうも、通訳をうまく使うために、無意識にさまざまな工夫をしてくれています。さらに意識してそうする方の英語は日本語にしやすく、通訳を意識して話してくださる日本語は、英訳しやすい。つまり、逐次通訳で良い成果があがるのはチームワークが良いときです。

今の日本語（口語）では、韻を踏んだり古典を引用したりなどは少ないのですが、日本の社会や文化に根付いた難しさはあります。日本語の表現を英語にし難いのは、技術の問題ではなく、話者の思いをどれほど想像できるかの問題になる場合です。例えば、百人一首のような上の句、下の句ゲームみたいな会話。日本語の聞き手だけを想定する会話に、実によく使われます。

「99・9刑事専門弁護士」というドラマでのセリフで、ボス弁護士が部下の弁護士に下の句だけを言いました。「うそをつきなさい」とだけ、丁寧にゆっくり言うシーンです。これを翻訳ソフトにかけたら「You should lie to me（あなたは自分に対してうそをつくべきだ）」や「I order you to lie to me（私はあなたに私に対してうそをつくように命令する）」となるでしょう。イミわかんな～い！　と叫ばれてしまいそうです。

このセリフを下の句とする場合の上の句は、「私をばかにするつもりで（うそをついているのだろう、だから私の読みの通りうそをつきなさい、ばれているのがみえみえなんだから見苦しいのはあんたですよ）」か、または、「私をだませると思っているのなら（見えてるけどとりあえず予定通りうそをおつきなさい）」となります。そのあとの余韻を会話にするとすれば、「どうせばれるんだから」や「どっちみち私にはわかっているんだから」となります。

洗練されたソフトなら「Try lying to me, see if I care（私が気にするかどうか試してみたら？　うそついてみろよ？）」などとするかもしれませんが、あまり期待できないのでは……。

「京都地検の女」というドラマを見ていて気になったシーンがありました。「一人分にしては多すぎません？」と検事が疑問を投げかけ、相手の女性は「冷凍しておこうかと」と答えます。

日本語のセリフには主語がないだけではなく、文の主体を示唆する動詞も消えています。これでは想像力をかなり鍛えないと訳せないです。聞き手が予測する「下の句」は、聴衆が頭の中で付け加えます。英語なら「それは多すぎません。私は冷凍しておこうと考えていたので、計画していた通りの量です」などと文章で説明するでしょう。短く言ったとしても、「ノー、そうは思いません」程度には言います。それでも怪訝な表情でみつめられれば「私が冷凍するつもりでしたからこれは適量です」などと説明するのでしょう。

独り言ではなく、シーンの中の同席者と視聴者に対して「なにかあった？（としたら大変なので）……ちょっと出かけてきます」と話しかけますが（　）内は沈黙で視聴者に予想させます。

「このまま続けていくというわけには……（いかないんじゃないでしょうか）」「なにかあってからでは……（遅い、遅すぎる、間に合わない）」「できることがあるんじゃないかって……（考えるんです。思いますよね）」「この女性がなにか？（したんですか？　関係あるのですか？）」「それとは関係ないかと（思います、考えています、に違いないでしょう）」

これらの例は英語の表現に慣れている人からみると、意味は想像できるもののあまりにもぶちりぶちり切れている感じで落ち着かなくなってきます。反対に日本語だけでみている人たちは、わかりきっていることをあまりはっきり言うのでは風情がない、おもしろくもなんともない、わざとらしいセリフはきざったらしい（＝外国語じみている？）などと感じるでしょう。

この傾向は近年強まってきています。たった十年前のドラマでも、みていると説明が多すぎる、繰り返しが多すぎると感じてしまいます。会話のあり方が変わってきているのでしょう。

この手法自体は、もちろん、英語ドラマの会話にもあります。特に、小説の中の会話などに比較的頻出します。ただしドラマなら、一話全体で「ここぞ」というシーンで「あれっ？」と視聴者の気を引くために効果音のように使います。大抵は一度きり、あっても数回です。ところが日本のドラマはあれよ、あれよ、次から次へとこればかりです。

家族や親類などのパーティの席での現実の英会話では、下の句を類推させる冗談や皮肉が連発されることもあります。思春期や反抗期の十代の少年少女の会話もそうです。けれども、よく知らない人同士が話す場合や公的な会話ではこの形態はまずありません。主語や述語（動詞）、それも他動詞につく目的語や補語が抜けたりすれば、すかさず4W1Hの質問が入ります。すると余計に時間がかかるので、急がば回れ、とばかり、コンテクストを知らない人にでも即意味がわかるように話すのが良いとされています。短文でも長文でも文は完了させながら話を進めます。

「上の句下の句ゲーム」以外に日本語には「キーワード一言ゲーム」もあります。

日本語の「警視庁捜査一課9係」というドラマでは、警察官か刑事が、関係者に、「この方たちの関係はこれこれではなかったのですか」と尋問します。それに対して大の大人が「っていうより戦友……」と返します。

日本語は名詞言葉で、主要なアイデアは名詞にある場合が多く、この場合は「戦友」という言葉さえ視聴者の耳に入れば、ドラマの進行が成り立ちます。英語ならどれほど短くてもまず「ノー、そうではなかった」としてそのあと「XXの関係であったと思う」などが入ります。

最後は「一見無意味な言葉に強い情感を込めるゲーム」の例です。

「ね！　ね！」「だよね！」「……だったりして……」「ですって！」「って……どうよ！」など

は、日本語の会話の一部であり充分それなりの意味をもちます。つまり、情感を込める機能は、連帯感やつながりを強めたり、ネガティブなインパクトを与える強い言葉遣いを避けて、相手の神経を逆なでしないように防御したりします。また、当然誰でもわかることはいわずもがな、の余韻を表わすことでより親密度を増したり、仲間意識を高揚させます。

でも、その大事なニュアンスはそう簡単に伝わりません。それどころかそのまま英語にすると、主体性のなさを表わすことになります。私が無理に訳すとしたら「awesome」「right on」「I agree」などか、場合によっては沈黙を最も良い選択とします。Isn't it something. Is that right? That's it? なども似た場合に使われますが、微妙に違う表現にも思います。

3　なぜ言葉を道具に仕事をするのか

なぜ言葉を道具に仕事をするのか考えてみました。

自然に恵まれたアメリカの素敵な都市で、ある大事な会議が無事に終わりました。当日の私の業務はリード通訳兼通訳チームコーディネーターです。クライアントからご意見をいただきました。一つや二つ秀でたところがあったとしても、クライアントからみると総合的なリングイストとしては不満だらけであることの例です。

「他のことはともかくとして、初めて、まさみさんの声が『いい声だな』って思いましたよ。聴きやすいし、わかりやすいし、流れがね、流れるよう、っていうか、途切れないし。つっかからないからね、他の人みたいには」と、まずはありがたい賛辞をいただきましたが、一筋縄ではいかないこの方ですから次にはナニが来るのか。

部下の何人かがすかさず、「聞いてて疲れない」、「語彙がすごすぎる。用語遣い徹底してる」などと賛同してくださいました。

するとボスはむっとして、「話をごまかさないでほしいんですよ。だいたいまさみさんは、ね。通訳は絶品ですよ。間違えないしね。でも、余計な一言が多いんだ。私は長くこういう会議やってきたし、たくさん見てきた。英語もねッ、ちゃんとできますからわかりますよ。で、あなたね、ベストですよ、こんな上手な人が実際同時通訳者の中にいる、というのを知りませんでしたし、今までで一番良かったです。それはうそじゃないです。ただね、言ったでしょ、余計なことが多いんですよ。でしょ⁉ だいたいあのメールはなんですか。無駄なことばっかり書いてる。私はね、悪いけどまさみさんから来たメールは八〇%みませんよ。読んでいられない。あんな不必要な詳細をごたごたと。感心しますよ。ただね、あんたがあれだけ人に優れてできるのは通訳ぐらいでしょ。だから、あんたは通訳だけやってればいい。天職なんですからね。まさみさんの場合は、管理なんかも得意じゃないでしょう、誰かに任せて通訳だけしてれば、どれだけ人に感謝されることか」

フィードバックのポイントは、話し言葉での通訳業務を褒めていただいた反面、書き言葉は冗長で無駄が多く、要するにイラつくほど下手であるので不満があった、ということです。「人にものを伝える道具」を使うにも「話す」のか「書く」のか、微妙に違うスキルが求められます。

意見や意思の疎通に必要な口頭の話術、メールなど書き言葉でのコミュニケーション、さらに現場での通訳業務や、出版物や書類等の翻訳、ひいては議事録作成やキャッチコピー作成、校正や編集など、どの作業も同じように言葉を道具にしながらもそれぞれに微妙に違う技術や能力が要求されます。けれどもクライアントはそれらのすべてを一人に要求するのは当たり前と思っている場合があり、クライアントはリングイストの総合力をみます。

私が前述でお叱り（?）を受けたように、一つだけに秀でている人もいますし、あれとこれ、といくつかに秀でている方もいます。

それはとにかくとして、言葉を道具とする技術は一流でも、本人はリングイストを自認しない方たちも少なくありません。

例えば、ある会議の立役者としてコンテンツ司会もした日本人男性の方は、米側主催者の代理でした。日英両語に大変堪能な方で、リングイストのプロとしてもやっていける方です。「頼まれれば（逐次）通訳もしますよ。でも望んではしません、お金のためだけなら通訳翻訳は遠慮します」と明言しました。

また、このプロジェクトで現場のパーソナルアシスタントをしてくれた友人の日本人女性が「(あの方)どうして通訳嫌いなの？　いいお金になるじゃない？」と私に尋ねました。

「さあ……。あなただって、通訳スキルをもっていてもしないじゃない？　どうして？　……これまではっきり聞いたことないけど、たぶん似た理由だと思うわよ」。私が答えると、彼女は少し考えてから言いました。

「私の場合は本業がアーティスト。留学や海外生活で使っていたから英語を教えるのは好きなの。若い頃から教育の方法を訓練されていたし、生活の足しに英語を教えてきて、自分でも工夫するし。だけど、通訳は……友人のためにしかしない」

「うん、だから、どうして？」。黙って考え込んでいる彼女に、教えるスキルをお金のために使っているなら、通訳のスキルもお金にできるでしょ、どうしてしないのかと重ねて尋ねましたが答えはなく、なにかすぐには言葉にできない思いがあるようです。本来の仕事には誇りが持てるが、小手先の「技術」だけ使う仕事には誇りがもてないという人もいました。

アメリカに暮らしていると、日英両言語に達者な人が多いことに気がつきます。最近はますます層が厚くなっていて、スキル自体には幅があるものの、下手なプロの通訳者や翻訳者顔負けの実務技術をもつ方も多いのです。

同じ質問をしてみても返ってくる答えはいろいろです。どうやら車の運転がうまくできるからタクシーやトラックの運転手になるわけでもない、と同じ理屈のようです。プロが顔負けの知識や技術や情熱を持っている人はどの分野にもたくさんいます。

反対に職業として総合的なリングイストになる人、または、逐次通訳、技術系翻訳などに特定してプロとして仕事をする人には「複数言語が得意の技術である」にプラスして「言葉を商売の道具として使う覚悟」があり、それが必要な要素なのかもしれません。

通常は口から出た言葉や書いてしまった言葉は魂の吐露であり、言葉の使い方では誠実さ、正確さ、正直さを大事にするあまり、表現されたものは自分のパーソナルなアイデンティティの一部となるのでしょう。そこで自分⇒言葉⇒表出であるのに使った言葉を否定されたりすれば自分のパーソナリティや教養や洗練の度合い、ひいては自分の存在そのものが否定された気分になってしまうのかもしれません。とても商売道具などという身近な目的には使いたくないのでしょう。

例えば今日のＰＴＡで誰にどう思われるかを考慮して選んだ服を着るのか、仕事の道具としての服を着るのか、の違いなのかもしれません。選択の余地も無くデザイナーから与えられた服をどう着こなすかに終始するファッションモデルのように、リングイストは自分が選んでいない言葉を与えられ、それを違う言語に置き換えます。

言葉を道具として使うにはそれなりに職人はだしのプライドをもち、腕が落ちない修練も継続します。また、身体も鍛えてその技術を磨き続けます。良い道具を手に入れるためには、お金や時間やエネルギーを投資しますが、さらに、道具を磨き上げながら大事に使い続けます。

これとは逆に、言葉は他のなにかを作り上げる作業のための道具として使う方たちにとっては、語学力を褒められることは心外なのでしょう。道具を使うだけでは、自己価値の確認にはつながらないからです。「所詮道具は道具、それでなにを作ったか成果をみてほしい！」と言いたいのではないでしょうか。

道具を使う職人さんであるリングイストたちは、その先にある他人の仕事をしっかりお手伝いしたい、と考えているのではないでしょうか。少なくとも私は長い経験から、縁の下の力持ち、舞台の黒子でもあり、舞台の役者を引きたてる背景の大道具小道具、照明役という意識で仕事をしてきました。

私が尊敬する、ある日英会議通訳者女性は「常に新しい課題に挑戦できるから、この仕事が大好き。勉強も新しいものも大好きだからこの仕事に就いて本当に良かった」といつも張り切っています。

露英語会議通訳のクリスティさんは「学生時代から会議通訳者になりたくて勉強してきた。いまだに勉強ばかり、出張旅行も多いし。でもずっとあこがれてきた本当の国際会議のためだからうれしい。こんなに私に向いている職はないと思っています」と話します。

中英語会議通訳者のビンビンさんは「言語には人の究極の知恵が詰まっている。言葉を使うという自分の専門性に自信と誇りをもっています。それ以外の職もアイデンティティも趣味も考えられない」という根っからのリングイスト。私が尊敬する一流の会議通訳者の方たちには道具を使うことで、人の役に立ちたいと思う方が多いようです。そしてその姿勢が準備勉強をしっかりすることや、謙虚な姿勢を崩さずに自信をもってベストを尽くすことにつながるのだと思います。その積み重ねが巡り巡って一流のリングイストを作り上げるのではないかと思います。

4　リングイストの定義

リングイスト（linguist）という英語は、十七世紀前半、日本なら江戸時代初期にあたる一六四一年に、「言語学門の学徒」の意味で使われたのが最初だとか。

いくつか英和辞書で調べると、研究社英和中辞典では「語学者」が第一義、「言語学者」が第二義、科学技術振興機構のJST科学技術用語日英対訳辞書では、第一と第二が反対、斎藤和英大辞典では「外国語学者」、情報通信研究機構のNICTワードネット英和辞典では「言語学専門家」などでした。

「リングイスト」の用語や概念としては、通訳、翻訳、翻訳研究、通訳翻訳協会、などがあり、通訳者、通訳士や同時通訳は、「通訳」に集約されます。

二カ国語をひもづける、または橋渡しする職業としてのリングイストを無理に日本語に訳すのであれば「言語専門士」とか「語学専門家」「語学者」などなのでしょうか。

＊通訳と翻訳の違い

ところで辞書によると通訳業務については職業の呼称もまたそれを行う人間の呼称もどちらも「通訳」ですが、翻訳業界は「翻訳」業と「翻訳者」や「翻訳家」とは明確に分けるとありました。最近は、「通訳者」という言葉も耳にするので、言葉遣いが変わってきているのでしょうか。中国語は台湾では「通訳」と「訳者」だそうです。上海を舞台の会議通訳養成をテーマにしたドラマの漢字のタイトルは「翻訳官」、英語では interpreter と紹介しています。

ちなみに米語では、通訳が interpretation、翻訳が translation で、通訳者も翻訳者も業界内部では linguist です。一般社会では翻訳は translator、通訳には interpreter と translator の両方が使われます。通訳にはパフォーマンス、翻訳は書いたものが成果物として残ります。

日本の国語審議会用語では、「通訳者」や「通訳士」とありました。通訳には顔があり声があるものの、終わると消えていきますが、翻訳はしっかりいつまでも形に残ります。手話通訳も時間軸の動きでどんどん消えて無くなっていきます。

以下、ウィキペディアから引用させていただきます。

「通訳（つうやく interpretation）とは、書記言語ではない二つ以上の異なる言語を使うことが出来る人が、ある言語から異なる言語へと変換することである。つまり一般的には、異なる言語を話す人たちの間に入り、双方の言語を相手方の言語へと変換し伝えることである。（中略）異言語間の仲介を果たすという意味で翻訳と同列に語られる場合があるが、翻訳の対象は書記言語であり、技能的には全くの別物である。（中略）通訳は起点言語（原語 the source language）を音韻的に認知・受容し、さらに語彙と文法による表層構造の理解（記号の解読）および世界知識・背景知識・場の知識によって内包や外延をふくむ発言内容の深層構造の理解に達し、その理解にもとづいて目標言語（訳出語 the target language）へ転換（再記号化）し、最終的な音韻表現として表出する行為である」（https://ja.wikipedia.org/wiki/ 通訳　二〇一七年七月六日閲覧）

「翻訳（ほんやく）とは、（中略）一般に自然言語のそれを指し、起点言語（source language、原言語）による文章を、別の目標言語（target language、目的言語）による文章に変換する。（中略）起点言語による文を原文といい、目標言語による文を訳文・翻訳文と言う。一方文章ではなく、自然言語の発話を別言語に置き換える行為は通訳とも呼ばれる」（https://ja.wikipedia.org/wiki/ 翻訳　二〇一七年七月六日閲覧）

日本語では翻訳と通訳が区別されますが、英語だけを使う人たちはトランスレーターを両方の意味で使うことが多いのです。特にＩＴ業界やテクノロジーの諸分野、具体的にはシリコンバレーや基盤技術業界、中でも電力などのエネルギー業界や少し古い世代のエンジニアリング系業界などでは、interpretation と translation を業界の専門用語として多用します。複数の自然言語間の転換訳出表現ではない意味で使い、AI元のデータを解析したり新しい意味付けをする場合interpret を、translate はデータをそのまま次のプロセスで使えるように転換するだけの場合に使います。この使い方のニュアンスから考えると、英語話者の人たちは、目の前にいる人間が訳をしている場合に直截《ちょくせつ》的に translate をしていると考えますので、彼らにとってはトランスレーターのほうが自然な呼び名になります。

また、今の英語は、音声でコミュニケーションをするのに使う話し言葉と、書記言語の書き言葉の違いが小さく、日本語ほどには違いがありません。日本語は、話し言葉と書き言葉は別の道具として機能してきた言語です。現代になって両方の道具が近づいてきているようですが基本的に両方を使いこなすには、それぞれの技術を独立した技能として開発し磨き込まなければなりません。

英語社会では、トランスレートもインタープリトも日本語の翻訳、通訳に対応する具体的で固定した観念ではなく、ある機能を抽象的に表わす動詞として使われます。一般的な英単語としてのトランスレート、インタープリトの意味を少し説明します。

この場合、異なる言語を介して人と人がコミュニケーションをするという特殊な状況を前提としていません。トランスレート、インタープリトもその対象は記号や数字、暗号や絵などの静的なもの、色や動きやダンスや歌など動くもののビジュアルなもののもみえないアイデアなども対象となります。

トランスレートは、「オ、これどういう意味？　どう解せばいいの？」などと直接的で具体的な意味を求める場合に使われます。インタープリトはワンクッション置いて、「え？　今のって？　いったいどーゆー意味よ？　要するになにが言いたいってわけ？」のようにその背景になにがあるのか、その先なにを言いたいのか意図を理解するという意味です。

トランスレートは、定義を一度学習すればそれ以降はオウム返しで常にわかる内容です。インタープリトは、みる人読む人によって理解可能、不可能に分かれます。自分はよくわからん、あんたわかるんなら教えてくれる？　というニュアンスです。理論的な学問は前者で、芸術は後者です。

従って、目の前で行われる「社交辞令やお世辞の意味」や歌やダンスはインタープリト、「契約文、手紙文、書籍等」を読むときのコミュニケーションはトランスレートとなります。スピーチやプレゼンの場合「トランスレートしてください」という依頼は訳を記述しろというのではなく、同じ意味の外国語に変換してください、という意味です。

反対に、英語で書かれた文章に概念や用語があいまいな表現があれば「これ、誰かインタープリトして！」と声がかかります。外国語に変換してくれ、というのではなく、この言葉を英語で説明してほしい、本来の意味、明確な意味を教えてほしい！　という叫びです。

逐次通訳の出張の場合では、アメリカ中、どの州やどの町のミーティングに呼ばれていっても十中八九「みなさ～ん、translatorを紹介します」と言われてしまいます。

実はもう一つ仮説があります。私見ですが、トから始まるほうが、イという鋭い音から始まるよりも音が柔らかいので、人に呼びかけるのには口にしやすい言葉なので自然により多く使われる理由ではないかと思います。

逆にほぼ必ず、「お、interpreterね、お待ちしてました」と言われることがあります。それは、会議通訳、同時通訳、流暢な英語を話す日本人が何人かいたりする場合です。そういうときは、なぜか「インタープリター」という言葉にリキが入っていて音も強調される感じです。「その方が高級だと知っていますよ、高いお金払っているので失礼な言い方はしませんからね」と言われたように感じるのは考えすぎでしょうか。

5　国際英語がリングイストのツール

二十一世紀、地球上の英語ネイティブは三億八千五百万人、英語使用人口は七十億人のうちの十七億五千万人といわれています。

私はある時期あまり海外の仕事をしませんでしたが、人工股関節置換手術が成功し、また海外の仕事が多くなりました。日本人たちが英語で会議をする場にはその翌一年だけを思い出してみてもカナダはもとより北欧、南欧や英国。マレーシアへも行き、さらに日本へ五回足を運びました。

世界中どの国へ行ってもビジネスや科学の世界は英語です。人工国際語であるエスペラントを世界共通語にと一部に期待が高まったこともありましたが、その役割は、今、事実上英語が果たしています。

そして、そこでは米語に限らずいろいろな英語が使われます。自分自身が「英文法不完全プラス日本人の発音」なのですが、それは棚にあげておくとして、まあ各国特有のアクセントは実にさまざまです。また、その早口英語は聞き難いことこの上もないのです。会議によっては聴衆にも通訳にも拷問としか表現できない場になります。

英語自体は、コミュニケーションの道具でしかないので、それを使うことでその先のビジネス業務や科学議論が成り立つことが目的です。英語が世界共通語になってくれたおかげで世界が狭くなり、地球が救われるのも遠くはないとわかってはいますが、耳が慣れないうちは暗号解読の緊張感が続き、身も心もくたくたになります。

二十数年前、『武器としてのことば――茶の間の国際情報学』（新潮選書）で著者の鈴木孝夫氏が、道具としての「国際英語」を説明しました。最近になってこれを読み返して、今更のように感動しました。

彼は「国際英語」は英語を母語とする国々の言語とは違う概念だと主張しました。

日本人に英語を使えない人が多いのは、いきなりよくわからない文化や歴史的背景が土台の言葉を使おうとするからであり、無理は無理、みたことがあったぐらいではいきなり命じられた仕事に普段使った経験もない道具でできるはずはないといいます。

異国の文化や歴史を知って初めて使えるような種類の英語は米英文学専門家だけが習うべきであって、一般的な用途には、熟知した日常的な知識を表現する練習をすればよい。そうすれば、英語を実際に使えるようになるはずだと言います。

二十年前の本では、そうは言っても必要性がないという輩に対して、前述の鈴木氏は国際社会の交流の必要性をあげ、それを戦に、英語を武器にたとえています。戦後しばらくは、「日本は戦争には負けたが経済戦争には勝つんだ」と商社をはじめとしたモーレツ社員たちが海外へ出張、出向、駐在し、八〇年代にはアメリカに次ぐ世界第二の規模の日本経済を作り上げました。その後中国経済の発展・台頭で日本は後れを取り始めたようにみえてきますが、鈴木氏のこのたとえには経済戦争という思いがあったのでしょうか。

日本社会では女性がデートに着るドレスを「勝負服」と言ったり、ランジェリーを「アタック」の小道具と表現するのですから、物騒な「英語は武器だ」という表現も生死に直面するのと同様に真剣になれという意味なのでしょう。

ところで英語の必要性を意図的に作った会社もあります。

日本人が英語を業務レベルで使える必要があると主張する人の一人が楽天の三木谷浩史《みきたにひろし》氏です。楽天ユニバーシティをシリコンバレーに設立した際の彼の記念スピーチを通訳したのですが、日英訳になるか英日訳になるか当日ご本人次第ということでしたので、両方の場合の準備をしました。日本人といっても油断は禁物で、その方独特の言葉遣いや特異な発音などで立ち往生したくありませんから、耳を慣らすためにユーチューブで彼が使う日本語や英語を探しました。

そこでは「三千時間を英語に浸って暮らせば仕事で使えるようになる」と主張されていました。英語の素養のある日本人社員は「中学高校大学と英語科目の時間をさし引いて、会社で毎日朝から晩まで英語に接すれば三カ月で使えるようになる」として、仕事をすべて英語ですることを決めたそうです。三カ月はトレーニング期間と考えて仕事の効率を問わず、日本でも社内はすべて英語としたので、非常に高い割合で外国人社員が働く中、国際業務も英語のチームワークで拡大しすべて順調とのことでした。

ちなみに三木谷氏は、英語圏の聴衆も多かったせいか見事な英語で演説されました。

6 通訳というラベルの重み

北米のあるきれいな都市での国際会議で私は通訳者チームのリーダーを任されました。本会議前後のレセプションや関連イベントには大都市からの同時通訳者を使う予算がなく、日本からの参加者たちのためにはどこに一般通訳を配する必要があるのか決めなければなりませんでした。配慮しなければ、「主に日本語スピーキング」グループと地元の「主に英語スピーキンググループ」とに自然に分かれてしまいます。

通訳を配して日英の交流を促す必要がどこにどのぐらいあるのか、判断が難しいところです。予算があれば、念のために通訳を雇います。けれども、今回この部分では通訳予算をひねり出せません。

そこにありがたいことに地元の日米親善ボランティアの方々の提案がありました。ボランティアで支えてくださる方に、文句を言ったりしませんが、プロを対象に考えてみても通訳業務にはさまざまなレベルがあり、それに対して一律に「通訳」とラベルを付けるのは難しいことです。

手配をする側としても、どの程度の技術があるのかには非常に関心があるのですが、それを測る数値や資格はないのです。フリーの方は協会所属や通訳コースの終了、州のライセンスや民間団体の資格をあげますが、それは最低線の保証にはなります。現実の仕事の能力や実力とは必ずしも連動しません。派遣エージェントはお抱えの通訳をＡＢＣに分けます。さらにＳランクを入れたりしますが、主に実績や評判などからランク付けがされるだけで、客観的基準での評価ではありません。

プロのリングイストが働くスペースはひたすら実力の世界ですから、例えば個別の対価の請求レート（時給や日当など）にそのランクが現れます。目にみえない相場があり、みな（私も含めて）健康なバイアスに基づいて、自分の力を過剰評価しがちになります。反対に他人の力は過小評価するのが人間心理ですから、それをもとに自分がいただくべき相場のレートの自覚がそれぞれにあります。人気があり引く手あまたの方にとって、また特に忙しい時期でどの人も出払っているときは売り手市場になりますが、通常は充分経験を積んだあとに、エージェンシーや同業者との交渉の中で徐々に、そしてなんとなく、自分のレベルがわかっていくものです。

他人に関しては、岡目八目、ちょっと話をしてみれば大体見当がつきます。パートナーとして一緒に仕事をしてみれば、自分の間違いにはなかなか気付かなくても他人のあらはすぐみえるという得意技を誰でもが持っていますから、どのぐらいの質の仕事をする方なのか一目瞭然です。リングイストという言葉の定義には、学者もあれば実務者もある、という具合に、たぶん通訳者の定義も使う人次第のところがあるのだと思います。違う言語に変換しさえすれば挨拶の言葉だけでも買い物の金額の数字だけでも通訳者と定義する人もいるでしょう。

昔は、お金をいただくならプロ。いただかないのであれば、ボランティア。プロなら評価、批難、苦情の対象になりボランティアなら資格も技術も問わず、良ければラッキー、悪くても仕方がないということでした。最近はそうもいかないようです。日本人の一般の方の語学力や会話力が全体的に向上してきたので、「そんなこともわからないで通訳?!」だとか、「その程度のボランティアならまず、いらないね」などとはっきり言われてしまいます。

コーディネートする側から悩ましいのは、英語会話が成り立っているとご自分たちで思っているほどには会話が通じていないことが多く、それをクライアントにどうお知らせするかです。国際会議の真の価値は会議の合間のネットワークや、ホールでの立ち話情報収集ですが、よほどの語学力なしにはこれが難しいのです。

通訳業務技術も他の部門に似て、一度限りで技術だけを実力評価しようとすると素人と玄人の域が案外あいまいです。すると、プロとするのは、一つには対価が派生するかの基準に併せた職業意識と労働倫理でしょう。技術はあっても、時間を守らなかったり、約束の場所に現れなければ二度と雇われません。成果物を期限までに提出しなければ、支払も約束通りには期待できません。そして次の仕事はないでしょう。

有償で依頼される通訳者は、語学力や技術のレベル以外に、人としての度量や仕事をする姿勢の特色が考慮されます。

最近は、日英バイリンガルの方たちの層が厚くなっていますから、関係者間で間に合うニーズには、リングイストが雇われることはありません。従って、リングイストを雇う必要性が出る場となると、大卒以上の人たちがかかわる専門的な仕事となる場合が多いのです。つまり、日本語圏と英語圏との両方の領域で、最低でも大学卒業程度の教養や常識と語学力が必要です。彼らの通常の会話や議論についていけないのでは間に合いません。しかも雇い主たちは、その上のご専門領域で仕事をしている方たちですから、そのレベルでの仕事や学術内容のコミュニケーションを対等に手伝える人を希望します。

そこでリングイストのプロとしての基本は、複数の語学圏での大卒程度の教養と語学力です。

その次はユニバーサルな職業倫理です。仕事人としての姿勢というわけですが、三番目は、未知の方たちを新しい状況で補佐できる柔軟性と自分の欲を二の次にするという自制心、そして最後は不安、不利、誹謗中傷や時間のプレッシャーに耐えられる人間力が必要です。

地方都市に住み地元の仕事が少なくいつも出張している同僚がいます。今は人気がありすばらしい仕事をする同僚ですが、駆け出しの頃、帰り道は止まらない涙との闘いがしょっちゅうだったと教えてくれました。

フリーのリングイストの仕事はプロジェクトベースで、常に未知の場所、未知の状況や環境、未知の人間のグループや集団が対象です。常に新しいことに対応するワークスタイルは案外並大抵のことではないのかもしれません。

7　リングイストの掟

リングイストの経験の中で習ったことを「いろはかるた」風に遊んでみました。「借りたヒヨコの速さが頼り（かりたひよこのはやさがたより）」で、通訳のうちでも要求水準が高いとみられている会議通訳、つまり同時通訳者としての心得をこの順に並べ替えたものです。

・「身体《からだ》が資本」の「か」

体力も気力も自制心（無私）も揃わないとできないパフォーマンスです。寝食忘れず休みもエクササイズも欠かせません。風邪リスク管理も体調管理も生活習慣病予防努力も大事。

・「利用できるものは最大限利用」の「り」

非常用の小さなボトルを一本持ち込みます。主催者側が用意してくれることもあります。温かいコーヒーやお茶やお湯はのどを守るので、あれば少しもらいます。こぼす恐れがあるのでコップの半分程度にします。トイレは近ければ、必要なくても行けるときに頻繁に利用します。思いがけず長い時間動けなくなったときに充分もちます。会場にスイーツがふんだんにあれば、会場担当者に尋ねて少しだけもらいます。これも急に予定変更で長丁場になるとエネルギーが続くかどうかのカギになります。ただしスルリとのどを通るものだけにして、咳き込んだり、のどにつまりそうなものは避けます。

・「誰も気が付かないのが良いパフォーマンス」の「た」

資料が完璧なら、参加者は全員会議に集中でき、それがどのように制作されているのか気にする人はいません。ことほど左様に通訳も、誰がどう通訳したか、などは忘れてしまい、あれも聞いた、これも議論になった、などと内容だけが、話題になってくれれば私たちの仕事は完璧です。誰かが厳密に使われた言葉を尋ねたときに、あれ、そういえばあれ英語だったかな、日本語だったかな、などという会話になってくれたら、もうそれで私ならにこにこしてしまいます。

もちろん、これは通訳者や通訳内容の評価の難しさにもつながります。間違い、つっかえ、沈黙、独特のなまりは、聴衆には耳ざわり。

日本語のほうを褒めていただけることが多いのですが、私の話し方は特に完璧というわけでもありません。水戸の言葉のなまりも乗っているでしょうし、英語には日本語なまりがあるに違いありません。茨城県で生まれ育ったのですが、母が代々の末の江戸っ子でした。父が出張がちなどの事情があり四歳過ぎるぐらいまでは私の話し相手は母ぐらいしかなく、ほぼ戦前までの都心の言葉しか知らずに育ちました。

子どもの頃は英語も片言、中高の英語の成績も特に際立っていたわけでもありません。その頃から、他の職についていた時も、よく通訳を頼まれました。その一つには私の日本語になまりが少なかったからではないかと思います。癖やなまりがあったり、乱暴な話し方をすると、日本語や訳そのものが下手だという印象を与えるのです。それがないことが得だったのでしょう。

・「人よりまず自分」の「ひ」

通訳に限らず、どんな仕事も一人では完結しないので、なんらかの形で、人とのやりとりや交流があります。ただし同通の仕事をしっかりこなすのに必要なのは、自分のニーズを最優先することです。他人を思いやるよりも、自分の案件にベストを尽くすために集中することが基本です。

サービス精神が旺盛で、嫌いなのに通訳をしていた十代二十代の私には考えられなかったことですが、良い仕事をすることが巡り巡って、人や社会のためになるのだと気が付きました。

まず、基本は衣食住。機能性としての衣、体調整備の食、成果＝労働価値にかかわる労働環境としての場→住、をできるだけ最適に整備する自己責任があります。

ブースのロケーションはスピーカーやプレゼンの様子が確認できる場所を確保します。機材の調子や使い勝手をチェック、ファンの静動、照明の有無や場所、モニターやコンセントも複数を確保、ドアのあけたて、隙間風対策、椅子の大きさや種類など、労働環境のすべてが、仕事の成果に直接影響します。

ペアで同通の場合、良い仕事をする方たちはこれらの他に通行人、雑音や騒音の度合いなどについて、現場がリングイスト作業に最適な状況になるよう主体的に要求します。

それがプロとしての美徳なのですが、私は長い間、そういう勇気も習慣もなく、与えられた通りの場所や条件で我慢して最善を尽くすというスタンスでした。大抵パートナーに環境整備要求の作業は任せてしまっていましたが、あるとき、厳しくうるさく環境条件の改善を要求するパートナーほど「できる」人が多いことに気が付きました。わがまま、独りよがり、神経質すぎる、こまかすぎる、協調性がない、我慢が足りない、と思われる心配などアメリカでは無用。成果をあげさえすればエンジニアもクライアントも大感謝で業界関係者間の評価があがります。

もちろん、それらが完全に整わなければ仕事はできないとは言いません。どんな環境であろうと、与えられた中で可能な限り最高のパフォーマンスを心がけます。譲歩する柔軟性も必要です。

数日間連続の案件なら、他人の迷惑を考えず、翌日のパフォーマンスにひびくので自分の体調管理が一番です。寝る、食べる、水分の確保。連続通勤は可能な限りリスクが最も少ない方法を選びます。安全性や気温の変化や体力面へのリスク配慮。短い距離でもタクシーやウーバー（自動車配車ウェブサイト）となることも、反対に長距離でも地下道を歩くのがよい場合もあります。事情によっては、公共交通機関を使うリスクと自分の車を使うリスクを比べて交渉します。その際は駐車料金や橋や有料区間の通過料金などの交渉も。

ドレスコードも難しいところです。黒子ですから、目立たない、浮かない、が基本です。レース、リボン、ハイヒールや過剰なアクセサリーは通常は避けますが、だからといって現場によっては、必ずしもグレーや茶系のスーツだから良いということでもありません。硬すぎず、柔らかすぎず、暑くなっても、寒くなっても調節ができるように。私のファッション音痴度はひどいので、いつも悩みます。たいていは妹にもらったスーツか、友人に見立ててもらったジャケットを数枚とっかえひっかえ使います。

・「良いチームワーク」の「よ」

パートナーとはチームで仕事をしますが、通常のチームワークとはちょっと趣が違います。いってみれば駅伝的なチームワークとでもいうのでしょうか。走っている間は独りで全力を尽くします。会議通訳作業には「リレー通訳」があるのですが、リレーという言葉を使わず駅伝と言わせていただきます。

ちなみにリレー通訳とはスピーカーの言語が第一ソース言語、それが英語訳され、その英語訳を第二ソース言語としてさらにターゲット言語（私の場合は日本語）に換えます。伝言ゲームになってしまわないようにオリジナルのスピーカーのコンテクストを思いやりながら、これはまた普段の作業とは神経の使い方が違います。

駅伝では前走者からバトンを受けて、次の走者に渡すまで懸命に走るわけですが、通訳は他チームと競走をしません。その意味では、バレエやピアノの発表会のほうが近いかもしれません。発表者はそれぞれ自分の最善を尽くした後に、次の出番の人ができるだけそつなくきれいに交代できるよう素早く舞台のそでに引っ込みます。一度きりの発表会と違うのは表舞台をはずれると、素早く舞台裏に戻りまた次の出番を待ちます。代わる代わる二人が表舞台に立つわけですが、パートナーが表の舞台に出ると集中力に影響しないよう、舞台のそでから静かにそっと見守ります。

苦戦していればメモを渡し、急遽交代する場合もありますし、水を手の届くところへそっと移動させる場合もあります。必要に応じてパートナーの仕事がしやすいように動くわけです。雑音を立てずマイクの調子や聴衆の器材の使い方などもモニターし、ブースの前に人が立ち作業中のパートナーにスクリーンや演説者がみえにくいようなら、すぐにブースを飛び出して予防的に動きます。なにかあれば補完しあい、舞台に穴をあけないことを大切にします。

・「駒の一つ」として動くことの「こ」

通訳は会議全体にとって歯車の一つです。一つでしかない、とも言えますが必要だからこそ対価が発生します。その必要充分条件をクリアしたいので、要求基準を知ることが良い結果につながる準備条件です。この場で、この案件で、このクライアントで、この聴衆の組み合わせではなにが大切なのか、通訳に対してどの基準のなにをどの程度求めているのかを主催者にリクエストしますがこちらの意図がなかなか通じないこともあります。要領の良いエージェントやクライアント関係が密なエージェンシーであれば、資料と共に参考になる情報を供給してくれます。開催場所や主催者名、スピーカーの背景、会議の歴史や背景、参加者の職業や専門性や教育レベルなどがわかれば、かなりの程度事前準備や勉強の方向性に見当がつきます。

特徴にあわせながら統合的に準備をして臨みますが、オンサイト（現場）では、期待に応え、パフォーマンスは先方が課してくるミニマムスタンダードを超えるよう努力をします。それぞれが自分の役を完全にこなせれば全体がうまく回ります。目標は、いつも誰よりも上手にできるように。理想は常に人から学びながら技術と知識を向上させながら働き続けることです。

・「能舞能面に学ぶ」の「の」

世の中には言葉だけを右から左へ訳しても背景やフレームワークがわからないと通じない短縮語や短縮概念などがたくさんあります。訳した形で意味を伝えられるのかどうかは聞き手の理解度によって違ってきます。通訳としては誰にでもわかるように訳したいのですが、同時通訳の場合時間に限りがあります。専門性の高い話題や内容ほど聴衆の知識や想像力に頼る覚悟で訳します。素養ある客だけに感謝される能舞のようなところもあります。

参加者全員が一を聞いて十を知る人たちの場合なら、間をとる通訳者だけが専門家としての知識や思慮を持たないのだと肝に銘じます。一般の人たちには暗号解読のように思える会話や発表でも、できるだけ文法に忠実に訳していきます。自分の顔は能面で隠したままで話し続け、舞い続ける感じです。

通訳するにあたって、話された内容を伝達することに使える言葉は限られていますし、感情豊かに話すのは訳者の役割ではありません（ビデオのプレゼンやワークショップ、映画や演劇の通訳は別でしょう）。

抽象的な用語や文章の場合、その背景やコンテクストなしにはわかりにくいとき、聴衆に捕足して説明する時間はとれません。できるとしたら、同音異語と間違えないように対象用語の定義を素早く入れ込んでしまうという最小限なことぐらいしかできません。

・「初めに恥ずかしがらず厳しい要求をする姿勢」の「は」

自己へ、他人へ、環境へ。うっかり、はいはい、と言われるがままに流されて甘く構えていると、結局は成果につなげられず、巡り巡って、お客様に迷惑がかかります。

・「役にはまれば訳もはまる」の「や」

どんな案件でもサイトで仕事が始まる瞬間まで、緊張しています。本当にこんな大層なことができるのだろうか、知らない言葉ばかり出てきたらアウト、専門用語は辞書で調べておいたけれど、大事な言葉を思い出せなかったらどうしよう、数字の桁数を間違えたらプロとして申し訳がたたない、などときりなく考えてしまいます。

しまいにはパートナーが現れなかったらどうしよう、これまで聞いたことがないなまりで意味がとれるだろうかなどあり得ない「もしも」ということまで心配してしまいます。

経験から言うと「案ずるより産むが易し」。私の場合サポートしなければみんなが困るという状況を察知した途端に役にはまります。すると、訳のほうも案外するすると口から出てきます。

・「最後は自分だけが頼り」の「さ」

プロで対価を得る通訳は、通常代理を用意しません。みながそれぞれ違う役割を果たす場で、自分にあてがわれたのはリングイストとしての役割です。専門家とはかくいう自分なのですから、それについては誰にも助けてもらえません。自分がその場でのベストではないかもしれないし、他にバイリンガルで自分より優れた知識や技術をもつ人がいるかもしれませんが、リングイストとして雇われたのは自分です。自分だけを頼りに作業を遂行するしかありません。

・「外食の選択と通訳の使い方には共通点」の「が」

外食の目的や楽しみ方は実にさまざまです。おいしさが大切なのか、コストパフォーマンスがより大事なのか、好き嫌い、季節の良し悪しもあり、地方の名物が望みなのか消化に良いものがほしいのかなど、条件次第で、お店をどう選んでどう食べるのか選択が必要になります。

それを通訳の選び方に重ねたら怒る人もいるかもしれませんが、食は必要な栄養やカロリーを摂取する手段です。それでも一概になにをどう食べるとは言えません。それに似て、どんな分野でもコミュニケーションには、言葉が手段として必要です。普段使わない外国語なら、通訳が必要になります。

日本で働く通訳さんは外国人のために働き、多くの場合国際会議では日本語から英語へ通訳するので英語が流暢であることに価値があります。一方、アメリカで働く場合は日本人のために働きますから英語から日本語へ訳すことが多いのです。従って日本語がきれいであることに価値があるのですが、英語スピーキングの通訳エージェントは日本語力の評価が良くできないこともあります。

外国語から通訳者自身の母語に訳すこと。これが通訳の究極の使い方です。アメリカで日本人が通訳を雇う場合、日本語を母語とする日英語通訳のほうが日本語の表現やニュアンスに大きな間違いや見当違いが少ないこと、発音が耳に心地良いことなどで、安心して聞けるという感想をもちます。アメリカ人が通訳者を雇う場合、反対に英語がきれいでネイティブまたはネイティブに近い場合に、より安心する傾向があります。

同時通訳だと大抵の場合は、細かいニュアンスまで一〇〇%の訳を伝えるのは時間的に無理です。従って同時でも逐次でも良い場合に同時を選ぶのは全体の時間とのバランスの他に、訳が字面通りでよい内容は量も九割がたで良いという場合です。

逐次通訳の場合は、いくらでもきちんと訳ができますが時間がかかります。ただ略語をフルスペルでというと、そうそう一〇〇%までは必要ない場合もあります。その場の目的に最適な通訳を選ぶのは案外判断が難しいところです。一〇〇%訳していると時間がかかりすぎて話すほうが飽き、話し手は話の腰が折られた感じがして、いらいらする人もでてきます。

逐次では半分ぐらいでいいよ、サマリー（概略）だけでいいよ、こちらがわからないときだけ、または込み入った話になったときだけ一〇〇%訳してね、という使い方をする方もいます。また、聞くのには訳がいらないが、話すときだけ訳してほしい、という一方通行もあり、その逆の一方通行もあります。一般的な会話は訳がいらないが、専門技術の話だけは訳すという要求の場合もあり、またその反対の場合もあります。

通訳者をうまく使う人というのは、自分たちの語学力の強み弱みと補助の必要性の度合いを良く知っており、必要なところにだけ効率良く依頼する人です。

日本語を話す際、主語述語目的語をはっきり入れて、きちんと文章を終わりにしてくれる人や、専門用語には英語を使ってくれる人だと通訳の精度が上がります。有益有効な通訳者使用法です。本章2項で説明した上の句だけ、下の句だけでは精度は下がります。その業界の専門家ではない通訳が自分の想像を加えて英語にするからです。

他にも英訳の精度を上げるには、単数と複数を区別して表現することや、人名や地名など固有名詞が大事な場合です。明確にゆっくり、または繰り返して発音していただく。また、「あの、その、あれ」、などの指示語をなるべく使わず、名詞を明確に伝える。複数の外国人が在席していれば誰に質問をしたいのか、名指しで尋ねていただく。桁数の多い数字などは、さっと紙に書くなどして相手や通訳にみせながら話すなども、上手な使い方です。

大事な用語なら、同音異義語を避けるか、それが難しければ、簡単に説明を入れると、成果のレベルアップが期待できます。

・「頼みにするのは妥協と柔軟性」の「た」

相手はいつも新しい場所、新しい人、新しいトピック。労働環境もクライアントもまるで千変万化の妖怪に対しているようなものです。闘っても無駄でひたすら妥協しかない場合もあり、期待や予想とは違う状況に直面することも少なくないのですから、柔軟性が必要と言えます。

・「要件は自分の体力と周りのサポートがあること」の「よ」

プロの通訳者として前提的な条件がいくつかあります。例えば、同通パフォーマンスを可能にするまでの投資としては、次のような事柄が挙げられます。

①物理的生理的条件

具体的には、音に敏感、比較的聴きやすい声、長くコンスタントに話せて、しかもその声の質があまり変わらないこと、体調管理や維持にあまり極端なエネルギーや時間をかけないですむこと、基礎体力、持続力や集中力があることなど。

②社会的経済的条件

プロとして仕事がコンスタントに入るようになるまでには、親や伴侶の投資や協力なしには、それまでに必要な準備期間中の生活が厳しくなります。通訳業務で評判や実績を確立するまでには、資格試験があるわけでもないし、学校を出たから仕事をもらえるというわけでもないので、いつ一人前になれるかどうかわからない日を目指して努力を続ける日々はさぞ大変だろうと思います。主婦や子育て中にこつこつ勉強し、家を空けられるようになって外の仕事をとり始める女性が多いのも現実です。最近、子育て中に時間を工面して、オンライン教育とネット訓練セッションを何年も重ねた結果、優秀な同通者になった方にお会いしました。

③精神的条件

総合的で打たれ強い人間力、自分や他人を許せる精神力、常に新しい環境で新しい人たちのために新しい内容を訳し続ける器量、そのために勉強し続ける気力など。

④知力と準備スキル

継続的トレーニングを厭わない資質も必要です。興味のないような分野でも、新しいことを勉強することが好きであること。そして土台となる基礎的な正規教育をしっかり受けていないと新しい知識が積み上がっていきません。日本か英語圏かどちらかで受けた教育が確かなものであれば、両方の言語での対応がある程度可能だということです。教育を受けていないほうの言語文化の語学力は独学でもできます。

・「料金体系や価格設定」の「り」

高級レストランや料亭でも、庶民の居酒屋や定食屋でも、栄養価や清潔度にはあまり違いがないかもしれません。それでも、食材、盛り付け、サービス、雰囲気、用意できるバラエティ、また、手間暇、準備の周到さ、普段の手入れや日常的な訓練の程度の違い、果ては、接客者の衣類の違いまでが外食産業における料金体系や価格設定に反映されます。

レストランや料亭で値段が違うように、通訳者のレートもレベルや質や分野によって相場が違います。正確さやニュアンスの伝わり方に違いが出るものです。難しいのは、誰がそのレベルを見分けるのか、誰がその相場を設定するのか、ということころです。

認知心理学で明らかにされており、実際簡単な実験でもわかるのですが、自分のことは実力より過大評価しがちです。特に競争相手や競合者のアラは気になるものです。するとあの人がこのぐらいチャージしているのだから、私だって。または、私がこれだけしかチャージしていないのに、あの人はちゃっかり同じぐらいチャージしている。私はもっとチャージしてもよいレベルだと思う、という思いがフェアで公正な対価の要求となり、相場はいつも相互的に少しずつ底上げされていくことになります。

もう一つのメカニズムは通訳派遣エージェンシーです。彼らは市場の需要と供給のバランスで、また抱えている通訳さんたちの強み、弱み、クライアントからのフィードバックやら同業者たちの評判などを総合的に判断して、自分たちの仕事に最も適した通訳者を雇います。

彼らの眼でみて同じレベルと思えば、他の条件やレートを比べて、リスクが最も低く、しかもエージェンシーには、最も多くのマージンが入る人を選んで派遣サービスの交渉をします。ここでもやはり難易度や分野の専門性や労働条件を中心になんとなく自然に、相場が決まっていきます。

第2章

世界のリングイスト、アメリカのリングイスト

会議の基調講演者たちと記念撮影する著者（左からインド人、フランス人、アイルランド人の英語に対応）

1　複数言語圏が重なるスペースを行き来するリングイスト

ご自身が長くロシア語の勉強をされている編集者の方から「複数言語間を行き来するリングイストを語って」と提案をいただきました。そこで改めてみてみると、この仕事は異言語の世界を旅するお手伝いなんですね。

言語とは人が話し、人が使うもので、そこには総合的な人となりが表われます。その言葉の裏に個性や職習慣、商習慣が貼り付いているわけです。

人が通訳を使ってまで「話す」舞台では、外交用語、学術用語の厳密な使い分けも大事になりますし、契約や約束としての言質をとられない用心も必要になります。話し言葉は、三次元で繰り広げられますが、それがそのまま記述されることになると、誤解されやすくなり、形や前提や論理展開などによほど用心しなければなりません。

言語を使って対象者に働きかける作業では、話者や書き手の個別の「癖」や「専門性や教養の度合い」が表現されます。さらに国民性や言語文化圏特有の傾向や習慣も。

正確な訳とは、厳密な意味でのパーフェクトな対応語をみつけることではないのではないでしょうか。コンピューターではなく、人間が人間の言葉を訳すとき、言語の組み合わせを考え、誤解を避け、できるだけ話者らしさを失わず、強弱をつけたり論旨を明確にする工夫ができます。

話者のバリエーションをどう伝えるかがリングイストの腕のみせどころになり、この仕事のおもしろさでしょうか。

2　韓国語の大変さ

マイクロソフト本社で、ある製品のグローバル同時発売に関するプレス向け発表のお仕事がありました。多言語同時通訳ですが、当日まで情報秘匿で準備のしようもありません。恐る恐るぶっつけ本番で臨みました。

説明や商品紹介の三日間が過ぎ、クビのすげ替えが一度もなく無事終了したのは日本語ブースだけ、他言語はその間に通訳者の入れ替わりが激しくありました。特に韓国語は、毎朝違う二人が入り、その都度挨拶という事態。二日目などは午前と午後で入れ替えがありました。すべて完了した後、生き残った韓国人通訳女性が、韓国語通訳の難しさを教えてくれました。

韓国語の発音は各単語で語尾の母音をきちっと発音しないと文法上意味不明になることが多いそうです。子音が少なく母音が多いので、めりはりをつけた発声をして、たたきつけるように発音しないといけないが、そうすると、早口英語についていけない。さらに、日本語もそうですが、英語とは主語述語など順序が逆なので韓国語で同時に表現していくのは至難の業だそうです。

口、舌、のどがとても疲れるそうで、ちょっとみているだけでもマイクと喧嘩でもしているようでした。ブースの中でも立ち上がったり上着を脱いだり、想像するに、血圧も体温もかなり上がっているのではという様子でした。比べて、日本語ブースのほうは、パートナーは謹厳な中にも穏やかで冷静、物静かに淡々と話し続けていました。隣のブースとは違う会議の通訳ではと思えるほど対照的でした。不思議に思っていたこの差もこうして理由を聞いてみると納得です。

韓国語通訳の二人が、終了後に私と私のパートナーとを探して訪ねて来ました。「ぜひ、日本語を習いたい」とのこと。日本語と英語の同通のほうが楽だし、お客様も優しく親切で文句を言われずに済む、第一、日当が日本語のほうがずっと良い、と言うのです。

ロスやデンバーの会議でも似たようなことを韓国語通訳さんから聞きました。英語は既にマスターしているので、世界の言語のうちでは韓国語と最もよく似ている日本語を勉強しさえすれば、より収入が増える、リングイストとして格が上がる（？）という上昇志向です。プロとして対価を得て働く人が「ペイが良いから新しい技術（外国語）を習いたい」というのは世界市場では当たり前なのでしょうけれど、収入や地位をねらって通訳になったのではなく、結果的にできることをしてきたという私には驚きでした。

よりよい収入のための日本語習得といえば、中英通訳よりお金になるし、日本人とは働きやすいのでうれしい、日本語通訳の仕事は好きだと直截に言う本土の中国人にも時どき会います。

ハワイのＡＰＥＣ会議で中国語を担当した南カリフォルニア在住の男性通訳者は中国本土で生まれ育った人でしたが、元は中日通訳者だったそうです。最近は中国語の通訳が忙しすぎて日本語力を維持することが難しく、今は受けない、残念だと言っていました。その人は収入や頻度ではなく日本人や日本文化が好きで日本語を勉強したそうです。

二〇一六年、中国本土で「翻訳官」という連続ドラマが放映されました。フランス語と中国語の会議通訳がテーマでした。「国を支える大事な仕事」であり、個人としては「地位と収入を得るために才能を磨き通訳技術の実力をつけること」が前提でした。日本で通訳者のドラマが作れるとすれば、個の確立と家族との確執や自立の手立てなどが前提になり、仕事上のストレス、ひたすら勉強し続けていく困難、その中での失敗、出張の多いライフスタイルでベストを尽くす姿勢、不文律の職業倫理にたどり着くまでの生き方などが中心になりそうです。「国を支える」や「より良い収入を目指して」は二の次になるのではないでしょうか。

3　言葉の使い方にお国柄

リングイストの業界にもお国柄があります。

ドイツで技術系の日独通訳さんとご一緒に仕事をしました。なんでもきちっとしていて、その方の個性のみならずドイツの国民性がうかがわれました。時間厳守や、訪問先への道順の説明、コンテンツ以外でも、例えば出張旅行に必要なサービスの使い方を質問しても、答えは実に詳細にわたり、しかも無駄なく、全体に整合性がありました。

ドイツの簡素なホテルに慣れていないクライアントが不満を表わしました。私なら自分のせいではないとわかっていても、つい謝ってしまいます。ところが、彼は事実をしっかり伝えるだけです。ドイツのシステムについては不動の自信を持っていることがわかります。

デンマーク政府で税法関連のヒアリングがあった際、日デンマーク語の通訳者が会議に入りました。会議では、お一人だけがデンマーク語を使い、十数人のデンマーク側の出席者は全員英語でした。ミーティングは、北欧特有の真面目さとお行儀の良さいっぱいのきびきびした話し方で、快適に効率も良く進みました。

会話内容の事実を通訳するのが通訳者の職業上の義務ですが、この日デンマーク語通訳者はそれに限らず、日本語で、デンマーク政府の特殊性や訪問部署の特徴、トップ管理者によって外国人対応が違うことなどを手短に要領良くさしはさんで話してくれました。

冗談や社交辞令はまったくないのですが、「デンマークの政府関係者は人間と家族を大事にする温かいお国柄ですから」とのことで、通訳者の家族背景や人脈の質問を折々に混ぜて、地元社会の話にも花が咲きました。

デンマークのお国柄で思い出すのは、ある日本の高官からデンマーク政府へのお礼状を翻訳したときのことです。二〇一一年の東日本大地震の際にインフラが一時崩壊し、福島の原子力漏れの恐れもあり、日本の国内から船が一隻も出ずに物流が滞ったそうです。そのときにデンマーク船籍のマレスク社だけが船を出してくれたので物資が配達されました。

デンマークは大海運時代からのそのような純朴で威勢のよい士気が通るところです。その公式な手紙によると、デンマーク皇太子からの支援があったからと示唆されていて、その実現のために協力をいただいたデンマーク政府に感謝するという内容でした。

4　世界の共通語がフランス語から英語へ

フランス語はまた別です。世界中で通用するはず、正確で厳密なコンセプトを表現できてこれ以上美しい言葉はない、と長く信じられてきました。近隣諸国は、いや遠国であっても知性と文明はフランス語習得から始まり、国内ではフランス語以外使わないのが高等な人間という常識がありました。リングワ・フランカと言えば、意思疎通に使われた言語という意味から派生して、一時は「世界の意思疎通ならどこにいてもまずフランス語でなんとかなる」から「どの言語圏でもまずはフランス語から始めるべし」というニュアンスをもつおまじないの言葉でした。

ところが、二十世紀後半、英語が世界中にはびこり始めました。ジョークに、「三カ国語以上に堪能な人はマルチリンガル、二カ国語堪能な人はバイリンガルと言うが、さて一カ国語しかできない人はなんと呼ぶのか？　答えはアメリカ人である」と言われるほど、アメリカ人は世界中どこへ行っても英語で通すのです。一時世界の富の総計の大半がアメリカ独自の富であったことがあります。財力に裏打ちされて無理が通れば道理が引っ込み、横車も押されていたわけです。

フランスでは八〇年代の初めぐらいから、商売したいなら英語を使うしかない、というあきらめムードが漂い始めました。その頃、私はパリ在住で、ルイ・ヴィトン本店勤務の日本人女性たちに英語を教えていました。アメリカ人たちが大挙して押し寄せるようになってきたので、フランス語だけではなく英語で対応する必要が出てきたので私が雇われたわけです。

アメリカ人というのはヴィトンなどの高級品をみても、高校や大学でちょっとかじったはずの片言のフランス語を使ってみようと試みません。広い店内を探し回り、なんとしてでも英語を話す人に手伝ってもらいたいのです。

二十一世紀、英語はついに世界の共通語になりました。反面、フランス語を守ろうという勢力もそうそう負けてはいません。フランスの元植民地は言うに及ばず、フランスを源流にするカナダ連邦のケベック州（プロヴァンスで、米国連邦の州とは呼び方が違いますが）では、この伝統はかえってより強く受け継がれています。

州法によると移民はまずフランス語を覚えなければなりません。州外からのカナダ人、外国人共に商売の接客では、その第一声はまずフランス語での挨拶が必須。出張中に読んだ現地での新聞記事によると、先に英語の挨拶をしたことがばれれば、ビジネスライセンスは剝奪です。

これほどフランス語を大事にしていても、フランス本国では、ケベック州にはなまりがある、といわれています。ブラッド・ピット演じるハリウッドスパイ映画の主人公がモロッコの社交界でパリジャンのふりをするのですが、なまりが「ケベック風」でバレてしまうため、パリからの人とは話をしないようにと相方から注意されます。また全体を通して「ケベック人」というあだなでからかわれます（余談ですが、現地では、挨拶こそフランス語ですが、大抵の用事は英語で間に合います）。

スペイン語圏でも似たようなことが起こっています。南アメリカ諸国はブラジルがポルトガル語である以外は、ほとんどがスペイン語です。

それでも、国ごとに亜流があり、アルゼンチンが本国の「きれいな」スペイン語に一番近い、だの、メキシコはなまりがありすぎる、また、エルサルバドルは、チリは……となかなかうるさい詮議があります。

そこで、各国の通訳さんは、カタルーニャ地方のスペイン語を真似ることが多いのだそうです。本国の言語系統も、カタルーニャ、アンダルーシア、バレンシア、などと地方ごとに細分化され、標準語のベースとなったカタルーニャ語と出身国や地域のスペイン語との両言語を使い分けます。

先月オペラ歌手で世界三大テノールの一人、プラシド・ドミンゴさんのインタビュー通訳をさせていただきました。スペイン生まれでメキシコ育ち、成人後の活躍の場はアメリカやヨーロッパが多い方です。歌声だけではなく、人格のすばらしさで知られた人で、英語での話し方も素敵です。ロシア語、イタリア語、スペイン語、ドイツ語、フランス語、英語でオペラの主役を張り、なんとヘブライ語まで！　それら全ての言語を舞台で使ったことがあります。数百作品の制作を成功させた方で、語学力も天才的。「音楽になっているから、どの言葉でも覚えられるんだよ」

と言っていました。日本の公演では日本語で「ふるさと」を歌ったことでも有名になりましたが、長い外国語オペラの全曲を必要なときには三日ぐらいの練習で暗記するそうです。

通訳の準備に彼の自伝的な本を三冊読みました。オペラと家族のために走り続けてきた人生で、子どもの頃からイタリア語やフランス語の歌を聞いて、覚え、舞台で歌っていました。広範なレパートリーや役は別として多言語のパフォーマンスの舞台裏は、子どもの頃の多言語環境による耳や発声法の特殊な発達が秘密だったようです。九歳までは父方のカタルーニャ語と母方のバスク語とで育ち、メキシコへ移ってからはメキシコ・スペイン語を使用。さらに英語は二十歳ぐらいでテキサスの舞台へ招聘されたときに初めて聞いたそうです。

5　アメリカのバイリンガル地区

アメリカの南のほうの大抵の地域は、歴史的にフランス領かスペイン領だったことがあります。しかも近年はとみにメキシコ（北アメリカ）や中南米スペイン語圏からの移住者が多くなっています。州によっては事実上の公用語が英語とスペイン語のバイリンガルです。そこで生まれ育つ子どもたちは英語とスペイン語のミックスされた言葉でスパングリッシュと呼ばれる言葉を使います。

ディズニーワールドで有名なフロリダ州のオーランド市の国際会議でご一緒したスペイン語通

訳者は、中米からアメリカへ十一歳で移住したそうです。

「小学校はスペイン語のみ、アメリカへ渡ってもすぐには英語を覚えられずに、中学はスペイン語ベースで英語ミックス。高校で英語ができるようになったのですが、ラテン系の生徒が多く、英語ベースでスペイン語ミックス。大学はすべての科目が英語で、友人との会話に多少のスペイン語ミックスだった」と言うのです。

ミックスとは「どう混ぜるのか」と尋ねると、文法がスペイン語で英単語が入る場合、文法や話し言葉は英語だけれど単語がスペイン語である場合などがあるそうです。グループだと、最初は英語で話し始めても、スペイン語でしか表現方法がない食べ物やコンセプトの単語が入ってきた途端にスイッチが変わる。誰かがスペイン語単語を使うと、そこから一気に皆がスペイン語になる。けれども、また、そこに英語の表現が入ると、その途端に全員が英語を話し出す。周りで聞いている人はどちらの言葉で話しているのかわからないだろう、というのです。

日本語でいえば、関西弁や京都弁などが美しく、楽しくて温かくて誇りをもってはいるけど、仕事上ではおもしろくもなんともない標準語を使用。オフになって「一杯一緒に」の場では気がつくとミックスで話している、というノリでしょうか。

六本木でスイス企業の支社に勤めていたときの同僚にアメリカンスクール卒業で日本生まれのアメリカ国籍女性でした。仕事はぴか一で、現在も長くお付き合いさせてもらっていますが当時から、そして今でも二人でいると英語も日本語もミックスです。私たちの場合のスイッチタイミングもこのスペイン語通訳さんの言うスイッチと似ています。

6　英語圏にもお国柄

ドミンゴさんが三種類のスペイン語をきれいに使い分けるということと似て、英語にもお国柄があります。発音やイントネーションだけではなく、単語の意味も、表現も、挨拶の仕方も違うなど、かなりのバリエーションがあります。

当事者の英語を聞く分には、総合的な味や雰囲気などが助けてくれるので数分も聞いていれば耳が慣れてきて脳が調整してくれます。困るのはリレー通訳で、元の話者の使用言語（ソース言語）のニュアンスが消されている場合の英語から日本語への通訳です。

リレー通訳では、二人ペアの通訳が二組入ります。ソース言語がまずリレーポイントである「英語」に訳され、その英語からさらに各国の言語に訳されます。英語を母語としない通訳が訳すと、その英語は、それぞれの母語が抱えている文化やお国の事情を色濃く反映します。

もちろんそれ以前の問題もあります。ソース言語が中国だと著名人の名前や歴史的な地名が多く出ます。早口も困ります。インド系だと英語なのでリレーはいらないものの、とにかく早口。早口イコール知的、教育水準が高いと思われていると聞きます。ソース原語を英訳してもらっても、ネイティブではない英語に訳された場合は文法や発音やイントネーションなど微妙な違いが変に神経にさわり、スピードに追い付くのが苦しくなります。

余談ですが、訳は同じペースでついていくのを重視するべきか、それとも聞きやすいように速度を落とし、ポイントだけ選んで内容をしっかり伝えることに重点を置くべきか、常に悩みます。ベトナムやマレーシアだと外来語が多く、その言語独特の発音を使うので、リレー目的で英語に訳されても違和感が残り、その単語の元が英語なのかフランス語なのかわかりにくいのです。英仏単語を現地語風に発音すると、英語での対応語が存在しない場合も多いらしく、仕方なくそれをリレー訳の英語にはそのまま現地風の発音で混ぜてくる場合があります。その苦労を受けて、頭の中で現地アクセントやなまりをはずし、通常の英語にしてみる。さらにそれを日本語にするわけですから、これは時間的なプレッシャーのもとでは苦しい作業になります。

日本語からの英語訳が他の通訳のリレー原語になることも稀にあります。その場合和製英語を、どの言語の通訳者が聞いても誤解のない英語にしなければならないのがストレスです。

英語圏内のネイティブ英語でもバリエーションが多く、他言語ほどに違う場合もあります。英国のイングランド地方の言葉の違いはよく知られていますが、ヨークシャー地方やスコットランド地方の言葉、さらにはアイルランドの英語なども結構わかりにくく、案外な違いがあります。

ある知人の言語学者は音声に敏感で、どんな国の言葉でも、耳を傾けてじっと聞くと、高尚なオウムさんのようにイントネーション、アクセント、音程などを復元できます。その人はオーストラリアの生まれ育ちですが、タイの大学でタイ語の研究をしているときに、英国なまり、特にロンドン中流階級の教養ある方たちの話し方が最も人気があるということを知って以来、その「なまり」に変えました。彼にアメリカで最初に紹介されたときに、「オーストラリア出身と聞いたのですが、英国に長くお住まいでしたか」と尋ねた覚えがあります。彼は、ロンドンへいったことは何回かありますよ、と笑っていました。東京で東北弁を使ったところ、しかめつらをされたことがある人が、京都弁を使い始めた、というところでしょうか。

アメリカ人からみると、オーストラリアのなまりは英国風で、その上に独特の単語遣いや発音の違いがのせられている感じです。私が十代の頃初めて会ったオーストラリア人青年との会話で「これから病院へtoダイ（死ぬため）に行く」と聞いてしまって、青くなったことがありました。「え？ 今からなにしに行くって？」と尋ね返すと、「today（今日）はマンダイ（月曜）だから行けるので」と言われてやっと、デイがダイと発音される、と思い当たったことがありました。

アメリカ人は、オーストラリア英語（オッシー）ニュージーランド英語（キウイ）、ロンドン英語（クイーンズやコックニー）、ダブリン英語（アイリッシュ）、などのバリエーションを、さながらテキサス英語や、ニューヨーク英語と並びの感覚でみているのでは、と思います。それにしても歴史的にはスコットランド系の移住者が多かったアメリカの中西部でさえスコットランド英語はわかりにくいと言う人が多いのはちょっと意外です。もちろん、意識の上でも生活習慣でも、使う貨幣からして明確に違い、今になって独立しようとするぐらいに、国が違うという背景もありますが。

アメリカの都会での調査によると、欧州人がアメリカで働く場合に、例えば同じドイツ人でも「英国なまりのあるCEOが、より知的とみられる」とか。大都市の大企業はそうかもしれませんが、一般のアメリカ人にとっては、特にロンドン風の発音だから高級というより、どこにでもある多様性の一部と思う人が多いのではと思いたいです。

そういう私自身の英語のなまりは、まず日本語ですが、元は東京弁、中学高校時代の水戸弁も影響しているはずです。十代の英語は日本の学校英語や英国植民地系開発途上国訪問者からの影響。二十代にはパリとバンクーバーに住みましたから、欧州系やカナダ系英語の影響。三十代以降は大学も仕事もカリフォルニア英語ですからそのなまりに染まっているはずです。ただし、最も話す時間が長い米国人の夫は、中西部（米語の標準語圏）出身で、正当な米語に暴露されました。出身地はどこ？　と聞かれることも少なくないです。長く住んだことはないのですが、南部なまりは温かく、NYなまりはパリパリとかっこいい反面、味気ない感じです。

米国の国際会議のあるセッションで、日本代表の会場通訳で英語で質問をしました。席へ戻るとその方が「きれいな英語を話すんですね。NHKワールドのアナウンサーより上手。いつも日本語訳ばかり聞いていましたが初めて英語で話すのを聞きました」と言ってくださいました。

内実はただのお世辞だったかもしれませんが、これは百数十カ国の参加者がスピーカーや質疑応答の発言者になる会議でした。ここで飛び交う英語はそれぞれにどっぷりご自分たちの母語色がついている英語です。そこで、私のような比較的標準に近い英語はかえってこの方の耳にきわだったのかもしれません。それにしても、ＢＢＣやＣＮＮのアナウンサーではなく、「ＮＨＫの英語報道」が比較に使われるとは、日本の方たちの意識も変わりました。

7　多言語間リングイスト

私は日英語の二言語対応ですが、三言語対応のリングイストの世界を少しご紹介します。ソース言語は中国語、オランダ語、スペイン語、フランス語、ロシア語です。

＊冷たいランチのダメだし、単刀直入の中国語

王みちさんは中国北京で生まれ育ち、日本で高等教育を受け、東京の私立女子大で教鞭をとる傍ら、日中語の同時通訳者もしました。現在はアメリカ在住で個性的な美人顔に似合うすっきりしたおしゃれな装いをいつも欠かさない人です。中国に二十年、日本に二十年暮らした後に米国移住し、日本語、英語、中国語（北京語）の三言語に堪能です。

父親は周恩来《しゅうおんらい》の公務通訳も務め名声を博した公務翻訳官で、彼から黒子に徹する技術や信念を受け継いだそうです。日本での日中語通訳業務は大好きだったのですが、次第に自分の言葉で自分の思いを伝えたい気持ちが強くなり、教職やコメンテーターのほうに比重を置いたことでキャリアが変わりました。アメリカでは本業の傍ら、ボランティアで日中英通訳をしますが、

「通訳って透明人間業務でしょ」と言い、ほとんどの時間を教育事業に使っています。

みちさんに日中通訳の難しさを尋ねました。

すると、開口一番、「通訳を使う人たちに誤解があります」と。

「一番大きな誤解は、日本人と中国人の言葉の使い方が似ていると思ってしまうことです。アジア人同士だし、確かにルーツも近いのですが、会話スタイルや話のコンテンツがまったく違うことに双方が思い至らないのですね。

通訳にとっての最大の問題は固有名詞と引用文です。これが二大難関」

日英通訳業務しか知らない私にはとても意外でした。

「共通に使われる漢字が実はとんでもない障壁になっているんです」

例えば私の名前の小林まさみを訳すのであれば、音だけを拾い、漢字の中からでその音に近い漢字を選び置き換えてから、さらにその漢字を北京語なり広東語なりに発音する。もし、通常使っているひらがな名ではなく、どういう漢字を使う名前なのかを知ってもらいたい場合に戸籍の「雅美」を使うなら、その中国語読みで「ヤーメイ」と発音する。ひらがなでの名前そのままの音を知らせたいのであれば、日本語の音をとって漢字に置き換えて「真沙三」とするが、それを発音するときには「マアシャアサン」とするのだそうです。

それで思い出したのは、APEC会議の準備期間中に必死の思いで中国語の名前を覚えましたが、元国家主席の胡錦濤は英語ではHu Jintao（フー・ジンタオ）ですが、日本語では、「こきんとう」と読みます。人名に限らず会社名や組織名なども日本語発音、英語話者が使う中国式読み方の英語的発音と二重にその音を覚えるのですが、幸いネットなどで検索できることが多く、助かりました。

みちさんが日本で通訳をしていたときも事前準備に時間がかかることと、それを欠かせないことはネックでしたが、比較的調べやすい固有名詞が多かったそうです。

地名もそうで、東京を日本語で（とうきょう）と発音しても、中国語の音声ではトンチイ（に似た音）と発音するので、どの漢字を使っているのか、それと共に、その漢字は日本語と中国語それぞれにどう発音するのかを知っておかなければならないのだそうです。一方中国人が日本の固有名詞を発音する際には日本語的な発音とは限らないわけですから、まず漢字を想定し、それを日本語ならどう発音するかを考えて、という想像連想ゲームです。

日中通訳は、まず日本語の固有名詞を音でとらえ、〝日本語での漢字〟を想定し意味を判断。そしてそれに相当する〝中国語での漢字〟を想定し、中国語の発音に変換します。この技が日中通訳の特徴です。

もちろんわざわざ仕事の直前に調べなくても、有名どころは当然の知識ベースとして共有しています。その上にプロジェクトごとの特有の人名や地名があるので、固有名詞についてはしっかり打合せや下調べをしないと、正確で満足のいく仕事ができないのだそうです。

そういわれると、アメリカでＡＰＥＣ会議の通訳業務の準備では中国が一番大変でした。中国の主要都市の地名や胡錦濤については二種類でしたが、香港総督等の肩書や人名は、なんと日本語と英語と中国語と三種類が使われ、それらを暗記しなければならなかったのです。

さて、二つ目の難関は漢文や漢詩の「引用」だそうです。日本で会長職などにあり素養のある方は、中国の故事に基づく四字熟語や漢詩の一部をよく引用するそうです。「国破れて山河在り」や「人間万事塞翁が馬」など、漢文が不得意だった私にも咄嗟に閃く漢語リストがあります。李白、杜甫、寒山詩などよく引き合いに出されるのが軽く二十ぐらいはあり、それらについては日本語でも中国語でも、どちらからでもすらすら詠みあげられる程度に暗記しておかないとならないのだそうです。

日本語はまた、同音異義語が多いので、即興の演説の場合は大変で大事なスピーチなら原稿を事前にいただけないと非常に困ります。日本語から中国語にする場合、正確で役に立つ通訳になるかどうかは、本人いわく通訳者のずうずうしさの度合い（日本的感覚の表現でしょうけれど）による、といって過言ではないそうです。つまりそれほど、事前にご本人にアクセスできるかどうかが大事だそうです。人名や地名など固有名詞に使われる漢字を尋ね、その上に「よくお使いになる引用句や引用詩などはありますか？　よく説明などに使うお好きな『一字の漢字』はありますか?」などなど厚かましく根掘り葉掘り尋ねておかないと、現場でニッチもさっちもいかなくなるそうです。

中国語話者からは、漢詩や古代の思想家（老子・孟子・荘子など）がやたら引用されるので、知らなければもう絶対アウトの世界です。「中国の表現では」として内容を説明するのですが、当たるも八卦当たらぬも八卦という祈りの気持ちになるそうです。

なるほど、そこは日英語でも似たようなことがあります。超有名な聖書やシェークスピアの一節、マザーグース、よく耳にするアリスの不思議の国のエピソードなどならまだしも、通訳者＝文学青年子女ではなく、まして歴史学者でもないので、近代の欧州諸国の戦争やアメリカ市民革命などの有名事象の固有名詞が出ても、どう処したものか考えあぐねることがあります。

日中通訳が日英通訳と違うところは、中国人相手になると張り切って漢文や漢詩引用をする日本人が多いそうです。中国人にはうれしい反面、通訳泣かせということでしょうか。

日本の中学高校の授業では、漢詩漢文等多少の勉強をしました。四字熟語も受験勉強の定番でした。国語も古語や短歌や古典や仏典や……ありました、ありました。みちさんの話を聞いて、あの頃の底のない暗闇をのぞいたような軽いめまい、絶望感がよみがえりました。日中通訳は果てしなく、底なし沼に引き入れられる覚悟が必要なのかもしれません。

三番目に、「日中通訳は言葉を訳すだけではなく文化の違いも通訳しなければならないことが少なくないですね」とみちさんは続けました。

あるとき、上海交響楽団を招いた東京公演の会場で、冷めたお弁当が配られたそうです。そのとき、みちさんは逐次通訳業務で、団員の怒りをなだめるのが大変だったというのです。中国人は物乞いをする人には、冷たいものをぞんざいに手渡したりするけれど、ゲストや尊敬する人であれば、必ず温かいものを提供するのだそうです。日本人は我々をなんだと思っているのか、（メンツをつぶされた？）と思われてしまったということでした。

また、みちさんの印象では日中語通訳者に関しては、日本で訓練された方たちのほうがクオリティは高いが、中国で訓練された若手の方たちのスピードは尋常ではなく、業務が早く進むのだそうです。アメリカで、日英通訳と中英通訳の状況を比べてみても似た印象をもちます。

グーグルの中国語ローカリゼーションなど担当した中国人女性のリングイストから聞いた限りですが、中国本土での通訳者訓練は、三十年以上も前の彼女の大学時代には、英語学、英文学も厳しく教えられただけではなく、中国古典や哲学、歴史書なども非常に厳しく教えられ、優秀な成績を残せばその後、政府の高給公務員でお抱え翻訳者や通訳として雇われる。それは社会的地位も高く、尊敬され安定した職とのことでした。

教師は富裕、俊敏厳格、正確無比、完璧に近い知識をもち、技術や礼儀や労働倫理、食事の作法からドレスコードまで教えますが、それらすべての面で大層優れているそうです。今の日本人が一流の会議通訳を目指したとしても、これほど厳しい環境に自分を置くことはないでしょう。語学力を身に付ける姿勢に異質なものを感じました。

もっとも、半世紀近く前に日本全国で同時通訳者は三十人しかいない、と知らされていた時代に、日本の総合的な国際力をつけるためにと、当時官民協働プロジェクトで初めてという記憶ですが、同時通訳者専門の養成所が旧赤坂プリンスホテルの中に作られました。私は面接と筆記試験に最年少補欠で通り、訓練を受けたのですが、似た雰囲気だった思い出があります。

みちさんの話に戻りますが、本来の通訳業務自体について、もし間違いや抜け落ちが起きた場合には、どういう反応や対応をするのか尋ねました。

「日本の人たちは、非難口調で通訳のプロなのにと言ってみたり、直接責任追及をしたり。または担当者が責任を感じて、間違った内容についての責任転嫁に終始するんですよ。でも、中国の人たちは、もちろん人によるにしても、大抵がアメリカ的です。責めることはなく、その後の対処法やソリューションをまず考えますね」

間違いや訂正についてどうすべきなのか。通訳の選考をより慎重にするべきだったのならば、次は予算をもっととるべきなのか、通訳への準備資料に不備があったか、次はどう準備させるべきなのか、などと考えるそうです。

みちさんの結論は、「中国人は言葉をアメリカ人のように使う、と思って間違いないほどに、日本人とは言葉の使い方が違うと思うんです。論理を通すし、直截に話す、あいまいな肯定などはせず、必要なら否定も辞さない、など、例をあげればきりがないのですが」ということでした。

なるほど、アメリカ人が雇い主であればそうするでしょう。終わったことで、支払が発生したコストを取り返そうとはしません。通訳の能力の限界や失敗は、あとから責めても時間やチャンスが戻るわけではなく、その人を雇う判断をしたことが失敗、または直前の準備不足による失敗。そこからなにを学んで次にどうつなぐかを考える、という実用主義的な姿が目に浮かびます。

＊京都弁でもOK、オランダ語と日本語どちらも大好き

エリーさん（仮名）は、オランダ国籍の白人女性で、オランダ語、日本語、英語と三言語で通訳をします。京都が大好きで長年住んでいましたし、今でも別宅を構えていて、年に一度は数カ月間を京都で暮らし、日本語は標準語と京都弁を使い分けます。

オランダでユトレヒト、アムス、アーレンダムなどを回った際にクライアントから日蘭語通訳を指定された訪問先があり、エリーさんに依頼しました。オランダは英語が公用語のように機能していて、英語で仕事ができない人を探すほうが大変というお国柄です。そのため日本語・オランダ語は稀な組み合わせで、欧州の大手の通訳エージェンシー数社から断られました。とはいえ「日蘭語通訳も探せばいないことはないですよ」と、エリーさん。オランダ国内だけを対象にする小さな通訳エージェンシーをいくつかあたれば大抵誰かしら探せるそうです。

オランダ語の難しさは英語にはない敬語の使い方だそうです。日本語ほど込み入った敬語ではないけれど、使い分けしなければならない名称などがあり、特に気を付けるのは身分や格によって二人称の「あなた」を示す言葉が違うことだそうです。

日本語には状況による使い分けがあり、場合によってある程度敬語をはずせます。しかし、オランダ語の場合はＴＰＯには関係なく、対象の社会的地位や人間関係で決まるようです。

昔のことですが、オランダ人で親しくしていたケース（キースのオランダ語発音）という男性が

若いときに女王さまからサー（卿）の称号をもらっていたのです。知ってはいましたが、通常は気にせずに接していました。彼の友人がある日、英語で彼に返事をするときは「イエス、サー」とサーを付け加えなければならないんだよ、と冗談めかして私に伝えました。

「ケース、そうだったの？」と尋ねると、「そんなことはどうでもいいことじゃないか。話すのが面倒になるだけだからね」との返事です。それを聞いて私も、だよね、サー、なんていちいち言われたらしらっとするよね、ぐらいに考えていたのですが、実はオランダ人にとって称号は非常に重要な問題、基本のキだったのです。

教えてくれたケースの友人もオランダ人、本来敬語を使うべき相手に、ため口を利くような会話は、やっぱりそれを気にしていたということでしょう。敬語を使い慣れている日本人ならわかる感覚ですが、これはアメリカ人にはわからないかもしれません。

もう一人思いあたるエピソードがあります。ベルギー人で、夫の高校時代からの友人エリックさん。彼はオランダで高齢者長期住居施設チェーンを所有管理する会社のCEOをしていました。小さな町に住み、散歩や外食をご一緒にする折には、住民や市長さんから「こんにちはCEOさん」と親しく挨拶されていました。

引退後、「一番さびしいのはみんながもう『CEOさん』と挨拶してくれなくなったことだ。僕はもう、ただのエリックさんなんだよ。つまらないことだからこんな心理的なこと乗り越えなければと思うんだけど、慣れるのには時間がかかるね」と言ったのです。呼ばれ方がそんなに気になるのは日本で「社長さん」「課長さん」と呼ばれない一抹のさみしさ、と似ていると考えていたのですが、肩書きだけではなく挨拶の形が変わるのはたぶんまた違うショックなのでしょう。肩書がなくなり、敬語で話しかけられなくなって初めて、長年敬語でのみ話されていたことに気が付いたのかもしれません。

エリーさんによると、この敬語の使い分けは、外国人なら、ある程度の混同使用が許されるそうですが、オランダ人が間違えると育ちを疑われるほどに大変なことなのだそうです。そこで、主語が不明な日本語からオランダ語にする場合はとても神経を使うそうです。反対に「オランダ語から日本語へ訳すときには、主語を省けるので、その使い方を気にしなくてもあまり間違えずにすむのよ。英語にするときは、当然気にしなくてもよいのでとっても気が楽」だそうです。

とはいえ、三カ国語の組み合わせでは英蘭通訳の需要はありません。

エリーさんの仕事は日英か日蘭の通訳です。日蘭通訳が一番喜んでもらえるそうです。なかなか通訳者がみつからず、「やっとコミュニケーションできます、助かります」と言っていただくことが通訳冥利、この仕事していてよかったな、って思うそうです。

エリーさんがこの仕事で辛いのは、毎回、すごくたくさん勉強しなければならないこと。

英語通訳は分野別に多くのサブスペシャリティに分かれていますが、日蘭語は違います。専門分野に特化するほどの需要や供給はありません。つまり案件は多岐にわたるそうです。

「市場が小さいからどんな専門分野が依頼されるかも予測できないのに、高い時給、日給を請求するのだからとクライアントからの期待が非常に大きいのです。自分の専門分野ではありませんから、という言い訳は通りません」

彼女自身は知的好奇心も旺盛で幅広い社会経験や豊かな人生経験をもつ人です。千客万来をありがたいと思い、常に新しい分野に挑戦し勉強を重ねて、当日は真剣勝負に臨みます。

日英訳の場合の準備も楽ではありませんが、日蘭語の場合ほどではないそうです。それでも、英語に堪能な日本人も多く、これほど払うんだからと現場では結構厳しくされることもあるそうです。批判する人も時どきいるそうですが、それと比べると、日蘭語通訳は、素直に感謝していただけるので、より良い仕事ができる上にうれしい、ありがたいのだそうです。

ちなみに彼女の二人の息子は京都生まれで京都育ち。日本の学校へも行きながら、家ではきちんとオランダ語や英語を習ったので、日蘭語両方ネイティブなトライリンガル（三言語）に育ったそうですが、両親の選択で、二人共どもリングイストになる道を選ばせなかったとか。大学で専門を選ぶときに「日本語学科はだめ。他の専門を身に付けなさい」と指導したそうです。理由は、欧州で日本語市場が小さいので彼らの将来を狭めたくなかったから。

好き嫌いより実用的側面を強調するのは、いかにも合理性を尊重するオランダ人です。二人は成人して欧州在住、それぞれの専門分野で働いているそうです。

＊スパングリッシュが辛いです

日本出身の日本人女性が、日・英・スペイン語の三言語で通訳業務をしています。スペイン語の工夫や苦労、楽しみを教えてくれました。

――辛いことは？

スペイン語大好きだし、通訳をするのは楽しいですよ、でもスパングリッシュはアメリカ生まれのラテン系で八桁（一千万人以上）もの人が使っている第三言語です。これが来ると辛いです（スペイン語と英語のミックスで、英語、スペイン語教育を受けたバイリンガルの人たちの第三言語をスパングリッシュと呼びます）。正式なスピーチや論文などにはもちろん出ないのですが、最も頻繁に依頼が来る医療通訳やワークショップの会話などでは、これを第一言語にする人たちが結構多く、カリフォルニアだけでも数百万人はいるのでは。

――でもあなたなら英語もスペイン語もできるから問題ないでしょう？

とんでもない、そうもいかないの。文法まで違うのよ。独特のものがあって、英語ともスペイン語とも違う。辛い！　語彙の点でも、その家庭ごとのルーツで使う単語も固有名詞も違うから、それも大変。英語で言い直したり、スペイン語で言い直したりして確認しながら進むので時間がかかるのよ。向こうはなぜ言い直すのか、と怪訝な顔をしますけどね。たぶん、アメリカ特有の大変さかも。でも、これはなくならないわよ、これからも増えるばかりじゃないかしら。

語彙の例でいうと、同じ単語でも意味が違うので、困るのだそうです。carpata は元々のスペイン語だと「書類フォルダー」の意味ですが、スパングリッシュだと「カーペット」の意味だそうです。

文法上の例ではスパングリッシュ独自の規則があって、英単語＋er（スペイン語の動詞によくある末尾をつける）を多用する。例えば英語の cook「料理する」は、スペイン語では cocinar ですが、スパングリッシュでは、cookear となるのだそうです（この場合、料理人：cooker と区別するため末尾が ear となり、発音はクックアル。若者から生まれる言葉は、しなやかで柔軟です）。英語をスペイン語風にするという規則を知っている人たちの間ではその言葉こそが通じる言葉となります。

Let's go ahorita. とは Let's go という英語の文節に right now を意味する「アホリタ」というスペイン語を付けます。また、Tomorrow vamos a la tienda. は、Tomorrow（「明日」）のみ英語で、そのあとの文は、語彙も文法も we will go to the store のスペイン語版です。

ロサンゼルスの日系高齢者施設を訪問したときのことです。

カフェテリアに日本語で「今日のメニュー：ハッソーメン」と書いてありました。どういうソーメンなのかと不思議に思ったので尋ねてみると hot somen（入麺）でした。見事に英語と日本語が組み合わされています。また日系高齢者の方に交じるとよく耳にする会話に「トモロー、ムービー行きましょ。ユーのカーでミーとワイフ、ピックアップしてね」とか「ショッピングいうてサンデーやハラデイはビジーでかなわん」とかもあります。

日系とか高齢者とかと他人ごとのように言いましたが、実は、若くて生粋の日本人と思っていても、在米が長くなると、恐ろしいことにいつのまにか英単語を入れて会話をしています。それどころか、英語を日本語に直訳することもあります。例えばドライブ中に「あ、そこコーナーで落として（drop）、ライド（ride）ありがと」などと言ってお互いに平気だったりします。車から落としたり落とされたりして平気な日本人などいないと思うのですが……。

どの国からの移民も複数言語環境に入るとそれなりの特徴が出てくるのだと思いますが、それ以外にもアメリカならではの大変さがあります。

例えばスペイン本国の「世界の標準」はあってないも同じで、皆が自分の育った国や地域のスペイン語こそが一番きれいで正しいと思い、愛着があります。「アメリカにいる」という程度の理由では自分たちの言葉は変えずに使い続けるのだそうです。そもそも日常生活では、自分のスペイン語で通じないなら英語を使えばよいわけですから、アメリカにいて世界標準のスペイン語を覚えたり、自分の言葉をそれに変えるイ

アメリカも高齢化社会。ジョン・F・ケネディ大学主催で 20 年以上継続してきたシニアヘルスケア研修の日本からの参加者と。著者（1 列目右から 3 人目）は通訳と講師を担当。

ンセンティブはないわけです。

スペイン語でも、敬語の使い方の違いが難しいそうです。日本語ほど複雑ではないと聞くのですが、国によって非常に選択的で、きちんと使う国もあるし、反対にある種の敬語上の表現はまったく存在しないという国もあるのだそうです。言葉と文化は表裏一体というのは正しいのでしょうが、「スペイン語＝スペインらしい文化」というような単純な公式には当てはまらないようです。

名詞も南米諸国で違うのだそうです。国によってそれぞれの先住民が使っていた言葉の影響があり、歴史的に深く生活に入り込んでいて、日常生活で頻繁に使う言葉には特に地方色が色濃く出るのだそうです。アクセントや「具体的な対象物、もの」に対する感覚的ニュアンスは民族によって違うので、呼び方にもそれが影響する。チリ、アルゼンチン、メキシコなど彼女が最近訪れたところだけを思い出しても戸惑いが多かったそうです。

「英語の場合、イギリス以外の国々では英国のアクセントを使うと高級だとか、格が上だと思われることが多く、セールスでも価格が高いもの、家や美術品のオークションなどは英国なまりの話し方のほうが値段をつりあげることができるんです。でも、スペイン語の世界で格が高いとされるのは、非常に地元らしく、『地元で良い』とされるスペイン語。これを話すのかどうかが評価のカギです」

ちなみに彼女の好きなスペイン語はペルーとメキシコ風で、彼女が日本の学校で習ったのはスペイン本国のカタルーニャ、カスティィリア風だそうです。

なるほど。ということは、アメリカ育ちで英語もスペイン語もネイティブな発音ができる人たちが、スパングリッシュを話し、それは誇りであり楽しみでもあるわけです。彼女が言うように「スパングリッシュを第一言語にするアメリカ人たちが増えてきた」という理由は、その話し方を聞けば自動的に「アメリカ生まれ」と権威づけされる特典があるからかもしれません。

ところで、彼女自身は日西や日英の通訳に比べると、英西通訳が最も好きだそうです。文法も語彙も似ているので、正確さ、迅速さに自信がもてて、気持ちが楽なのだそうです。

日西と日英を比べると正確さやスピードでは日西通訳が日英通訳に勝るとのことです。もちろんこの女性がスペイン語大好き、ご家庭で毎日使うという背景はありますが、それを差し引いてもスペイン語のほうが英語より自信が持てるのは、「語順が変わっても意味が通じる言葉なので、日西でも西日でも融通が利く」からだそうです。主語や格による語尾変化が多く語順が比較的自由な言語と、語尾変化が少なく語順がかっちり決まっている言語との違いです。

もちろん完全にきれいなスペイン語にしなければならない場合や、翻訳や公的なスピーチなどは本来の英語と似た語順が「きれい」とされるのですが、定冠詞や動詞の変形などで、かなり主語や補語が限定されてしまうので、語順よりも、「音」を正確に発音することのほうが大切だそうです。そして、これら三言語の相互関係では日英通訳が最も難しいそうです。語彙はまったく違う、語順はまったく反対、文化上で相容れないニュアンスが多い、などが理由であるとか。

＊いつまでも魅力の尽きないフランス語

「音も好きです。子どもの頃から音楽家になりたいと思って楽器の訓練や声楽をしてきたんですけど、とにかくフランス語は音が魅力、表現方法も魅力なんですが」

在米日本人女性でフランス語の通訳・翻訳をするリングイストに話を聞きました。静謐《せいひつ》で清楚、笑顔が明るくてよく話す人です。

「同じことを表わすのにこんな七面倒くさい言い方をするの!? と思いながらも、でも、こうするとやっぱり情緒がある……っていつのまにか感動している自分がいるんですよ」

言葉は生きているので、やはり「人」と触れることでフランス語の息づく文化に触れていることが大事。この女性の仕事の場は、東京にも、シリコンバレーにもある。フランスは訪れる国で、今の彼女には住むことができる国ではないそうです。

子どもの頃からフランスに関するものはなんでも大好きで肌に合う、魂が憧れるという思いがあり、大学の第二外国語はフランス語。その後もフランス語学校へ通って、映画やカルチャー全般を習いフレンチ食材を楽しんだりと、どれをとっても好きなものばかりなので、フランスに関連のあることは、知ること触れること、心の底から楽しめたそうです。

英語は土台、という気持ちで中高・大学と日本にいる間に、大変熱心に勉強したそうです（私とは大違いなので恥ずかしい思いです）。

大学では第二外国語として大好きなフランス語を選び、アメリカへ住むことになっても、あきらめきれずにフランス語をサイドで勉強し続けました。

例えば、余暇にUCバークレー大学の外部者向けコースで、ネイティブの先生たちに師事してフランス語学習を続け、目的もなく仕事にも必要がなかったのに「とにかく好きだから離れたくない、の一心で続けているうちに、一人歩きが大丈夫になったんです」とのこと。

いつのまにか財産になったなあ、と自信がつくようになったあるときに「あなたフランス語できるんですねえ、では……」と通訳や翻訳依頼が舞い込むようになりました。

今では、日本語、英語、フランス語と三言語を必要とするプロジェクトが多くなっているものの、アメリカ在住なので、基本的に使うのは、日本語と英語。日本語も深め、英語も極めなければならないし、その努力の中で両方の言語の理解や表現に、より深みが出てきます。通訳でも翻訳でも、両方の言葉をもう一度確かめてみる、という作業を繰り返し続けます。プロのリングイストでなければ、普段はいくら言葉に流暢な人でも、それはしないことです。

「この理解でよいのか、という確認作業を再度、再三度行うことによって両方をもっと極めていきます。私たちが使う言葉は氷山の一角をみせているだけで、実はその土台のところの理解や感触に自信を持てるようにというのがほとんどの部分。でも、そここそが、毎日努力して育てている核心のところです。

二つの言語の間だけでの努力って、ピストン運動みたいです。言葉を理解するのには、言語にしないコンセプト、ある単語や文の源というのか、これは日本語、英語、フランス語に関係なく、同じものがあります。それを二つの言語の間で表現しようとすると、二つを比べて、行ったり来たりするばかりで、なんだか忙しいけど、必死にきりきりやっている割には、どうもこれでいいのかな、という中途半端な感覚が残ってしまいがちです。

それが、不思議なことに、言語が三つあると、くるっと変わります。日本語に変えるのにも言いやすいし、わかりやすい表現をつかみやすくなります。自然な表現がそれまでよりもっと楽にできるのです。フランス語でも同じことが起こります。この不思議なトリニティが表にしっかり出てきて、バランスがよくなる、という感覚が出てきます。

ただし、このメカニズムが働くには言葉をいつもしっかりとらえていなければならないんです。生きている言葉を日本語も英語もフランス語もいつも磨き続けないと、芯からくるりと振り落とされてしまうかもしれません。

私はフランス語の魅力にすっかりまいってしまっていて、とにかくこれからもどんどんやっていきます」という素敵なお話でした。

これとはまったく違うフランス語の魅力を、ニューヨークで生まれ育ったのっぽでおしゃれな英仏通訳者の男性が語ってくれました。

フランス語には英語などにはない哲学がある、のだそうです。言葉の使い方や文章の作り方には論理が通り、理路整然とした主義主張をもとに整合性を必要とするので、英語ではあいまいにしたままの表現や説明を、フランス語の場合は、そのもとにどういう枠組みの思考があってその表現を選ぶのか深く考えてつかみ取らないとならない。そうしないと、うまくフランス語にはできない。

英語はあいまいな言葉だから、反対にフランス語から英語にするためには、いい加減にしようとすればいくらでもいい加減にできる、とも。

フランス語はポイントAから次のポイントBの間をきちんと目指して表現する文章だけれど、英語は方向性がある文章でさえ、ポイントAから出発するだけで、目指す到達点であるBを明確にしないまま話すことができる。そういう意味ではフランス語から英語にするのはテクニカルな文や説明の場合は非常に簡単であるが、英語から論旨の通ったフランス語にするのは至難の業であり、その分野の専門性を高く身に付けていなければよい訳は作れないというのです。

フランス語がわからない私には具体例をいただけませんでしたが、日本語で「前向きに検討します」というのは英語にはできるけれど、フランス語にはできない、ということかしら。

＊同じロシア人でも、使う言語で人間が変わる

ロシア語会議通訳者のクリスティさんは、ある医療関係の国際会議が終わるとフランス語のブースへ立ち寄っていました。

「リレーありがとう。フランス語助かったわ」と挨拶して去っていきました。

お礼を言われたのは前述の英仏語同通男性です。偶然居合わせた私も彼の英語をソースにして日本語へリレー通訳をしましたから、「そういえば、私からもありがとう」と付け加えました。フランス語圏の方の発言やスピーチが少なからずあったからです。

英語からではなく、フランス語をリレー言語にしてロシア語に訳すのは珍しいことです。彼のパートナーの英語は途切れたり、文法的にも聞きにくくて、私も少し辛かったのですが、クリスティさんは、彼のパートナー女性の番には、フランス語からでなくソース言語の英語から直接訳して乗り切り、この男性の順番では、訳された彼のフランス語を使ったようです。

彼女の専門は英語からロシア語なのでわざわざ英語→フランス語→ロシア語とリレーする必要はないわけです。この裏にはこの会議の異色な背景があります。

国際と名の付く学術会議には、実際には欧米主要国独占型が多く、英語のバリエーションも欧米加豪になりますし、ＩＴ関連であればインド英語や中国英語がそれに加わります。プロの会議通訳者なら耳慣れている英語バリエーションです。ところが、この会議は公用語が英語、仏語、西語で、「欧米インド中国」以外の諸国からのさまざまな方々がいさんで発表しネイティブではない英語発表や発言が圧倒的に多いのです。オーディオからは聞いたことのない世界中のなまりの英語が流れ込んできます。テーマも医療分野で、とにかく通訳泣かせの特殊な会議です。かといって方言英語から標準英語への同通はありません（会場に並ぶ仏西ブースの隣にENGLISHと大書したブースがあり、実は音量調整用でしたが、ついに英英通訳が来たか！　みんな待っていた！　と一瞬ぬか喜びしたぐらいです)。

　英語ネイティブのエリックさんが、くせ球も剛速球もキャッチして、きれいでわかりやすい標準的なフランス語にしてくれれば、そのフランス語からのほうがわかりやすいのは道理です。

　クリスティさんは「(英語発表者から直接聞くより)彼のフランス語のほうが楽なんです、仕事にはしていないけど、フランス語の音が大好き!」という人でした。ロシアのサンクトペテルブルクで生まれ育ち、現在も在住。祖母の肝いりで七歳から英語の英才教育で有名なリセへ入り英語が大好きになったそうです。レニングラード大学時代はアメリカ人対象に観光ガイドのアルバイトをしていました。

　ガイドと比べて格段に社会的地位があるので通訳をしたかったけれど、市場が小さくて入り込める余地がなかったそうです。ただし、たとえ通訳の仕事があったとしても、その当時のロシアでは非常に安かったので、とてもそれで暮らせるような収入にはつながらなかったそうです。

「他に仕事がなかったし、アメリカ人はチップをくれるからガイドのほうが他の仕事よりよっぽどいい収入だったの。学生だったからそんな理由」

　その後、英国ケンブリッジの大学院に留学、英語学専攻で卒業しました。

ところが故郷へ戻るとソ連邦は崩壊、インフラも社会も混乱し仕事はなかったそうです。その中でもアメリカ人の訪問は続いたので、観光ガイドを続けました。やがて、同郷出身でカリフォルニアのモントレー語学大学院のロシア人男性教師と知り合いました。彼は、サンクトペテルブルクへ戻る度に短期の英語通訳研修ワークショップを開いていたのでそれに参加、気に入られて会議通訳者の道を励まされ仕事も紹介していただき、キャリアを積み上げたそうです。

彼女が一番おもしろいと思うことは、「使う言語によってその人のキャラクターが変わる」こと。同じロシア人でソース言語も同じなのに対象言語が変わると、人が違ってしまいます。「露独語通訳は、絶対に遅刻しないし、休み時間がのびることもない。露仏語通訳はどことなくおしゃれで、仕事をしていないときでも、お金をかけずに、素敵な装いをしている。露伊語通訳者はロシア語を話していても、ジェスチャーが大きくて不必要に腕や手を振り回すのよ」

ロシア語と英語の通訳さんは？　と尋ねると、「他の人の目を気にする暇もないほど勉強ばかりしている。なりふり構わずいつも調べごと」だそうです。耳が痛いです。

＊アメリカのリングイスト

経済や時事を思うと、アメリカという混沌としたスペースはやはり世界の縮図かも、としばし感じます。リングイストのスペースでもそうなのかもしれません。

アメリカの主要な都市では多くの言語が使われ、多言語間をつなぐ仕事で生計を立てるリングイストも数えきれません。サンフランシスコで市がモニターしている言語は五十八以上あり、公的な場所では十カ国語以上の通訳に予算をつけオンコールで用意しています。

会議通訳（同時通訳）のレベルでは案外限られた人びとしか働いていないようにも思えます。

ピーク需要時には外注も入りますが、それでもだいたいが顔見知りか、名前ぐらいは聞いたことがあります。

けれども、多くのリングイストがそれ以外の通訳翻訳の大切な分野で働いています。

アスリートたちには行動の俊敏さ、筋肉の強さや柔軟さ、鋭敏な神経機能、良く発達した五感など共有の特徴があるように、リングイストにも目、耳、発声の鍛錬、俊敏な反応、語感受容の敏感さ、判断力、文化的背景の理解などの共通点があります。

アスリートの各要素を鍛える方法もスポーツによってさまざまなのではと推測しますが、リングイストもプロに至る道は驚くほど多様です。

戦争中や直後は日本で帰米二世の方々、米国では日本で生まれ育った一世に育てられた日系二世の方々が、通訳翻訳交渉ごとに活躍しました。軍関係に限らず戦後の日本企業社会や産業は、ありとあらゆる面でのコミュニケーションに、日系二世の方々の計り知れない貢献がありました。

その後は、日本で生まれ育った人たちが英語を習いました。日本で、または海外留学して英語を身に付けた人たちの中から日本や米国で通訳翻訳を専門にする方たちが出てきました。

八〇年代にはアメリカで日本語市場がある程度の大きさになりました。日本の経済力が世界に通じる規模になってきた時期です。同時に日米摩擦も表出してきます。生活文化習慣の違いや契約社会、訴訟社会と言われるアメリカにうまく適応しきれていなかった軋轢が噴出したわけです。司法や行政関連で多くのリングイストが要請され、供給量も急増しました。

この頃リングイストとして対価を得る要件といえば、「コア要件」を満たすことでした。アメリカ的合理主義、実利主義の下にネイティブクオリティは求められず、供給可能でその目的に応じて機能すればよかったのです。当時、日本人や米国日系人だけではなく、他の言語ベースの人も少なからずいました。

当初は、中国人、韓国人など。のちに東欧、ブラジルやペルーなどからの南米日系人が増え、さらには日系以外のアメリカ人で日本語を習得した人などもリングイスト市場に参入しました。九〇年代から二〇〇〇年代に入ると、日英語バイリンガルの人たちの層が厚くなりました。帰国子女がアメリカに移住、またはUターンするケースも増え、リングイスト市場の需給にも時代の流れが影響します。グローバルな経済情勢や紛争の影響をもろに受け、戦争や経済界のショックがあると一時の供給は増えても直近の需要が減るので自然淘汰も起こりました。

東欧からアメリカへ移民した知人の男性は日本人女性と結婚。日本語を本格的に習い、一時は通訳もしていました。その後日英の翻訳やドキュメントリーダー（論点や重要事項を拾い出して、違う言葉で要約する仕事）に特化しました。

二〇一〇年代後半には、日米両国でバイリンガル人口層が厚くなり、在米日本人でも一昔前とは違い、準ネイティブのレベルの英語力が当たり前のようになっています。

職種にもよりますが、今の日英語分野の在米リングイストには、一般的には日本語のネイティブがより需要度を増してきました。

アメリカに暮らしてネイティブレベルの日本語を維持するのには、努力や情熱の他に、それをある程度可能にする環境が必要です。アメリカ人の中にも、日本生まれで日本育ち、または、日本で学校に通い、日本語が大好きで質の良い仕事をする通訳や翻訳者たちがいます。

一時はシリコンバレーやアメリカへ進出した大企業や製薬企業などが、専属の通訳・翻訳者を社内で訓練し、社員として抱えたケースをよく耳にしました。けれども二〇一〇年代になってみると、大抵の日本語・英語の作業ニーズは内部のバイリンガル人材で間に合うので、リングイストに特化した社員を手放したところが多いようにも聞きます。プロのリングイストを雇う必要があるときだけ専門家と契約すればそのほうが経済効率も作業効率も良いのでしょう。

働き方の流動性、柔軟性がより進んだという言い方もできるかもしれません。英語だけを対象としたテクニカルライティング、コピーライターやエディターの仕事も外注や随時契約が多いようです。知人にもプロジェクトベースや、特定期間のみの契約で請け負う人が何人かいます。

在米日英リングイストは結果として自営業が多く、そのライフスタイルは、人それぞれです。リングイストとしての収入が主たる生計の人もいれば、伴侶やその他の収入源で生活が成り立ち、リングイストとしての収入は足しであったり、将来の投資や貯蓄にという方もいます。帰国子女を含め日本で正規の教育を受けた日本人が多いのですが、例外も少なくありません。

例えば、日本語とポルトガル語に堪能な日系ブラジル人女性が若い時期に渡日、日本企業で通訳翻訳をしていましたが、のちにアメリカ人と結婚し、アメリカへ移住。ある米大企業の日本語とポルトガル語を使う部署で契約案件や経理事務を経験し、夫の転職に伴い米国内の転地先では日英語の翻訳や経理事務をしました。家庭をなによりも大切にして、第二外国語と第三外国語をツールにして生活を立てています。

また、日本語と英語のドキュメントリーダーを主にしているアメリカ人女性もいます。日本語が大好きで日英語のリングイストになりました。若い頃は通訳もしたそうで、日本語はアクセントも標準語で、発音もネイティブ同様です。

この方は外交官の娘さんで、いろいろな国に住んだ経験があります。関西の小学校に通い、そのときの楽しさが忘れられず、日本語の勉強を続けたそうです。成人してから再び日本へ渡り、長く暮らしたと聞きます。語学の才能に恵まれ、中国語、スペイン語、フランス語、ロシア語、アラビア語、イタリア語なども会話可能で、日常生活の簡単なことなら通訳・翻訳ＯＫです。結局は一番大好きな日本語を専門にするリングイストになりました。

一方、アメリカ生まれのアメリカ育ち、ご両親とも日本から移民した日本人ですが、本人は日本で暮らしたことはないという日系人男性リングイストで、「日本人以上に普通の日本人！」と言いたい方がいます。最近はそういう方を「新二世」などと呼びますが、一昔前と違い、そういう日系人たちが質の高い日英語リングイスト市場を支えてくれるのは、九〇年代以降には珍しいのです。

明治期から始まる移民史を抱える日系人社会で、二世の方たちは若い方でも八十歳を超え、三世の方たちでさえ一斉に高齢に入りました。そして前の世代の日系人の日本語は、ほとんどが地方の方言特有の表現や古風な言い回し、乱暴な日常会話がところどころ入り、ビジネス会議では違和感がありました。

それとは違い、この男性は見事に無理のない日本語を話され、それをどこで身に付けられたのか尋ねたことがあります。「東京育ちの母が日本語にプライドをもっていて、とても厳しかったので、家では日本語以外使わせてくれませんでした」とのことでした。

海外で子育てをする日本人家族が数十万単位でいる時代です。家できちんと日本語を教えて育つ子どもさんも厚い層で存在するのではないか、と思います。そこは頼もしい限りですが、そのうちどのぐらいの方がリングイストになるのか、確率はそれほど高くないようにも思います。オランダ人のエリーさんのように、市場が小規模で将来性がないからリングイストの道を勧めない方もいるでしょうし、おしゃべりが大好きな言語学者ながら、通訳技術だけはどうしても真似できない、とお手上げする人もいます。

＊在米で日本語力を維持する

エージェンシーを通じた案件だとクライアントはすべて一見《いちげん》さんです。

「外にいるとどうしても日本語が変になりますよね。あなたは上手ですね」と褒めていただくこともあります。また「長い間には日本語も変わるでしょう、どうやって勉強しているんですか？」と聞かれることもあります。

日本人ですから（日本語は忘れませんよ）とか、日本からの方としょっちゅう仕事していますから（使っているうちはさびません）とか、日本へはよく行くんですよ（そこでブラッシュアップができてます）、などとりあえず上の句（第1章2項参照）だけであいまいな返事をするしかありません。たぶん、どのように努力をしているか事細かに話してほしいという人はあまりいないのだろうと思います。でも、これって実は長期間の海外在住リングイストにとっては深刻な課題です。

普通に暮らしていれば日本人同士の会話でも、いつのまにか「グローサリー（軽食）とまんじゅう（スイーツのことだったりする）ピックアップしておいてね」「ハウスキー、ネバー忘れちゃだめよ」「あんたペイしたの？」というような不可解な言葉遣いになります。

日本社会もそれはそれでちょっとのぞかないでいると、いつのまにか不可解な日常用語や省略語が出回ります。時の流行言葉も定着したりしなかったり。イケメン、イクメン、モトカレ、モトカノ、モトダン、古くはドラクエやジコチュー、最近はバリキャリ。

美容室で週刊誌も読まず、日本のテレビドラマもみず、日本へ旅行もしないという日英リングイストの知人はこういう言葉に出会うと面食らって電話してきます。先日は私の同通パートナーが「イブクイック頭痛薬」を「イブク・イックズ・通訳」と訳しました。難しいところです。

新しい言葉ではないけれど、技術系の話題でよく出てくるパワコンも曲者です。元の言葉のパワーコンディショナーは和製英語です。英語では一般に（PV）インバーターというのですが、通訳の仕事が始まる前に一瞬でも特有の和製英語はみておかないとうっかりします。耳でパワコンと聞いて、パワーコンディショナーをそのまま英語的な発音で言ってしまうと、通じません。

他にも海外にいるとわかりにくい省略語はいっぱいあります。気が付いた言葉を並べてみます。コピペ（copy and paste）、コスパ（cost performance）、イヤガイ（earphone guide）、インカム（interphone communication）、カンペ＝カンニングペーパー、ファミレス（family restaurant＝和製英語です）、じこまん＝自己満足（なぜかすっごくニュアンスがぴったりくる略語です）、ネカフェ（ネットカフェ）難民、サウスト（thousand storm＝ゲームのタイトル名）、ねんけい＝年度計画表（業界専門用語ではないかと思うほどわかりにくい）、歩きスマホ＝歩きながらスマートフォン使用（上手！）、アシさん＝アシスタント（なんか、すっごくよくわかります）、オワコン＝終わったコンテンツ（ちょっと無理っぽい。ほんとに他にも誰か使ってるん？）。

リングイストになる背景も、あり続ける理由も千差万別であるように、たぶん、日本語力を維持する努力の実態もさまざまなのでしょう。

読む力と言えば、新聞、インターネット、書籍類。聞く力はテレビ、ラジオ、ビデオ、ユーチューブ、講演出席、対人会話や電話。話す力やポイントを理解してまとめる力は講義、講演、スピーチやプレゼンを上手に工夫することですが、そういうチャンスはなかなかないとして、やはり日本語力のある方たちとの会話や対話となり、つまりは電話や人に会うことではないでしょうか。中には講演、日本語クラスや通訳翻訳クラスを教えたりなどを積極的にされる方もいます。書く力は、実際に書いて、人にみてもらいフィードバックを受けることでしょうから、日記、メールや手紙、論文や作文の提出などが効果的でしょうか。

もちろん、読み書き聞き話す、と必要なことすべてをOJTで続けている方もいるでしょうし、図書館あるいはネットのオンラインサービスを駆使して自力学習の方もいるのでしょう。また、少ないにしろ、家族や友人との交流が多く、日本の社会と似た環境で日本語力が自然に維持されているラッキーな方もいるのでしょう。

日英リングイストに求められるいくつかの要素のうち、「通訳以外のサービスはきちんと提供する」という在米日本人女性の知人がいます。彼女の住む町は大都会ではないので、リングイストを専業で分業にするほどのニーズがありません。とてもきれいな日本語を使い、硬いテーマから社会的なトピックまで、果ては芸能人のゴシップまでなんでもよく知っています。

この人の努力は、私などとても真似のできるものではありません。まず、日本の大手日刊紙の主要記事は毎日必ず目を通します。日本語のテレビ番組なども主要なものや話題になるものはすべてみておくそうです。英語のほうも、全国紙、地方紙と地元のフリーペーパーなどで話題になること、政治経済・歴史地理や人事などもカバーします。まるで外交官か商事会社の営業の方たちのようです。

私自身は不得意な分野があり、興味のない分野も多いので、彼女のような努力を毎日、何年もと想像しただけで気が遠くなります。しいて言えば、日本語の書き言葉にだけは触れておこうと努力しています。寝る前や寝起きに、文章が柔らかく、するりと読める疲れない本を手にするようにしています。昔読んだものの中でも、幸田文さんや向田邦子さんの文章は憧れでした。安倍晴明シリーズの夢枕獏さんや五木寛之さんなどもいくつか……。

新聞は毎日は読みません。言葉やコミュニケーションの技術を総合的に改善維持していこうとする努力の一環となると、最近の仕事が必要とする内容には、帯に短しタスキに長しなのです。日本語力を維持する総合的、システマチックな努力はしていないのですが、仕事の準備を少し余計にすることで、日頃の包括的努力の足りなさを補っているつもりもあります。予定が決まっている案件の準備勉強には日英語ともに、ウィキペディア、オンライン関連サイトの内容、ユーチューブなどを主な教材にしています。

昔ながらの図書館利用という手もあります。少し前にプラシド・ドミンゴさんのインタビュー通訳が入り、充分な準備をしたかったのですが、出張があり、時間が限られていました。ネット上で読める資料も少なすぎました。ネットで調べると良い出版物がサンフランシスコのメイン図書館にあるとわかり、夜になっていましたが駆けつけました。翌日の出張には分厚い本を三冊抱えて出ました。

会議通訳や専門家対象の逐次通訳の準備はネットで情報を探しながら用語や言い回しをピックアップして基本一夜漬けの自習です。日英両語でするので、表現や説明は二重になりますが多少違う角度から理解できるので、まったく新しいことでもより良くわかったような気になってしまいます。空自信をつけるのには良いのだと思います。

つい先日、痛い経験をした通訳さんがいました。まったくその分野の準備をしていなかったので、特有の専門用語を理解していなかったのです。アメリカで行われた、ある難しい治療法について患者さんたちに説明するミーティングで、製薬企業が雇った通訳者が来ることになっていました。私は日本の患者さんグループのサポートのためにおまけで参加していました。

日本人女性通訳はみるからにベテランで自信にあふれた方でした。ところが始まってみると、逐次通訳で、「予防投与」を「止血」と訳し、「世界の他の国では」がなぜか「アメリカでは」とされ「一％（この場合は血中濃度でしたが薬剤で意味のある数字でした）」は「ほとんどない」となってしまいました。さらに「一％以上にする必要がある」を「なくても効果がある」という意味のわからない訳にしました。「関節（joint）」がなぜか「正しい（justと勘違い？）」で、「出血」は「障害」と訳しました。

あとで患者さんグループの理解に混乱があれば、要点だけでも説明したいと思いメモを取ったのです。ほどなく、英語のわかる日本人患者さんが会議のコーディネーターにそっと耳打ちをしました。「うちで連れてきた通訳に替えてほしい」と伝え、そこで休憩に入りました。

たまたま簡易同通の器具を持っていたので、一人同通に切り替えましたが、それまでは日本語だけが逐次通訳を入れており、さっぱり内容が進まないのを我慢していた他の国々の患者さんたちがその後みるからに元気になりました。同通の妙です。

この会議の日本人コーディネーターは、非常に恐縮していましたが、件《くだん》の通訳さんには資料もすべて渡してあるし、実績があるというので雇ったのだ、ということでした。しかも、ミーティングの前にレクチャーを兼ねて打合せをし、用語の確認などしたいと申し入れたら「事前にいただいた資料をしっかり勉強してきましたので、その必要はありません」と断られたのですよ、と言っていました。

資料はみたのでしょうし、その上で、他の分野で自分が積み上げた常識的な枠組みにのっとって「理解したつもり」になってしまっていたのだろうと思われます。ちょっと特殊な分野だとはいえ、この疾患についての特に大事な基本のコンセプトがまったく理解されていなかったための誤訳につぐ誤訳でした。他山の石！　自分もいつこんなことをするかわからない、と思うと恐ろしくなります。

どんな小さな案件でも、徒やおろそかにせず準備おさおさ怠りなく……と自分を戒めます。

それにしてもネット検索で勉強や準備ができなかった時代があるなんて、今の世代の人たちには考えられないと思います。昔は周辺知識や専門用語の準備も心の準備も大変でした。ろくな資料ももらえない仕事に出かけていくときには、思い切った覚悟が必要だったので、心臓に毛が生えている人しかできないでしょうと言われたこともありました。

もっとも、資料をくれない相手が悪い、と居直る気持ちもあったのでしょうから、いくらでも情報がある今の時代よりもかえって楽だったのかもしれません。ポジティブ思考とかなりのお人良し度も、人前でナマのパフォーマンスを続けるためには必要でしょう（実のところ、私にも大小とりまぜ千夜一夜の酒の肴になるぐらい失敗談がありました）。

第3章
リングイストの裏話

非営利団体のボランティアで日本語を教えていた著者。生徒は高学歴のアメリカ人や日系人。

1　非日常の断面で生きる仕事

五月初旬のヨーロッパ北部は新緑の濃淡グラデーションが息を飲むほどきれいです。そのときの仕事は北スイス、チューリッヒからベルンのあたりでした。ここの緑をみせてもらうまでは、五月がフレッシュで美しいのはなんといってもドイツ、と昔からの思い込みに取り込まれていました。

この直前の四月の仕事ではデュッセルドルフやケルンを訪れましたが、「もったいない、あと一カ月あれば……」とまだみぬ緑の君を惜しむ気持ちでいっぱいだったのです。

その思いは見事に裏切られて、スイスでうれしい驚きを味わいましたがそれからいくらもたたない五月中旬には、高層ビルが見事に立ち並び、さながら高層建築ビューティページェント真っ盛りのテキサス州ダラス市に来ていました。

考えてみると、その年は、ろくにサンフランシスコでは暮らしていません。もっとも、これほど出張に明け暮れる私も、仕事の一〇〇%が通訳業ではありません。

例えば、私と夫がチームで、医療者向けの研修を二十年以上もコーディネートしています。その二週間の研修プログラムは、地元のサンフランシスコ市内で行われます。これがこの年は二月に行われました。この間は、家庭生活のルーチンはない非日常的な暮らしですから、その意味では出張中のワークライフと似ています。

数カ月前の二月には日本の金沢でヘルス関連の講演もさせていただきました。その名にし負う豪雪地帯では、期待にたがわず訪問した日に美しい雪景色を堪能させてもらい、金沢郊外の山中温泉も半日体験。続いて茨城の水戸に住む母に顔をみせるための時間もとれました。（実家では数年前に亡くなった父の書斎を少しずつ整理しました）。

そして五月下旬のダラスでの四～五日間の仕事は、典型的な会議通訳です。事前に資料を勉強し、当日はブースへ入り、パートナーに挨拶をして、決められたセッションで講演者が話す内容を同時通訳する。つまりマイクを使い聴衆の持つ受信機を通じて内容を口頭で伝えます。英語は日本語に、日本語は英語に訳します。今回は世界七十七カ国からの参加者がいて、質疑応答もありました。

日英語以外の外国語は英語にされますが、その英語からまた日本語にするリレー通訳もあります。同様に、日本語の発言であれば私が通訳した英語が別の言語に訳される可能性もあるので、英語も他の方が訳しやすいように気を付けます。短文で、発音を明確に、内容を正確に、特に文法を間違えずに表現することが大切です。

各言語ともに、複数のチームが用意されていました。日本語も私のチーム以外にもいますから、トータルでは多くの通訳さんたちが同じホテルに泊まりました。分宿している会議の参加者たちと、通訳者たちとの間にはそれとない一線が画されているように思います。みていると緊張感の度合いが違う、言ってみれば雰囲気の色が違うような気がするのです。

ホテルのロビーには三々五々いろいろな人たちがいますが、そのそれぞれの人たちの周りには独特の雰囲気が漂います。どの国でも共通ですが、空港からアクセスの良いホテルに泊まると、ロビーで制服姿のパイロットやキャビンアテンダントが出入りするのをみかけます。勤務中ではないので、インフォーマルな心の余裕があるせいでしょうか、空港のフロアを歩いている様子とは少し違うので、つい観察してしまいます。制服の彼らは華やかで、どこにいても人目を引きますが、空港内のスペースでは仕事に向かって歩く姿勢がみえたり、立っているだけでもどことなく緊張感が漂います。

勝手なことを言わせてもらえば、会議場を歩いているリングイストもそれに似た雰囲気をもっているように思います。

リングイストは、言葉や論理をツールに、他人の心や思考に影響を与える大事な仕事に直面します。自制心を土台にしたその緊張感が、姿勢や表情に滲み出る気がするのです。

うそやごまかしは利かない世界ですから、真実と技術だけが頼りです。人を傷つけてしまうかもしれない責任感を背負っています。私たちを利用してくれる人たちが目にみえないなにかを作りだすために時間や空間のつなぎ方をうまく誘導していくのが仕事です。自分自身の言動や行動を慎重にし、体調調整にも厳しくならざるを得ないことがブースの外でも、習いになります。同じ目的で同じホテルに宿泊していても、サービスを提供する側と享受する側の違いがそれとなく表れるのかもしれません。

＊好きなおしゃべりも我慢

「通訳の人たちっておしゃべり」という印象を持つ方が多いと聞きます。実際、私的な場所では社交的でおしゃべりな人が多いようです、少なくても「あの人、よくしゃべる」と言われたことがない人には向いていないのかもしれません。

でも、いざ仕事に向き合うとなれば、良い仕事をする人ほど一様に緊張して寡黙になりがちです。これは意外に知られていないかもしれません。そして、なぜか、仕事が始まる直前はみな一人になりたがるようです。

ある出張先で、こんなことがありました。

サンフランシスコ在住の中国語会議通訳女性と以前から顔見知りなので、ある都市の空港から一緒に移動しました。ホテルでチェックインをすると、なにげない会話などを少し交わしたあとは、もう寝るだけという時間です。「夕食をご一緒しませんか」と誘いましたが、「いえ、一刻も早くネットでの作業に入らないと」と断られました。

出張先では一人で食事をすることも多いのですが、誰かと一緒に食べるほうが楽しいという日本人根性を捨てきれず、もうそろそろ到着しているはずの今回のパートナーに電話してみました。

彼女も「ごめんなさい、せっかくお誘いいただいたのに……ちょっとしなければならないことがあるの……」とやんわりお断り。

仕事の始まる直前は、いくら準備しても足りなかったような気がしてしまいます。受験やテスト前日の気持ちに似ているかも。準備や勉強が充分できていても安心できることはあまりなくて、やっぱりあそこをもう一度みておこうとか、あれはどうしようかと逡巡し、悩まされます。反対に、ろくに準備ができなかったときでも、それはそれでラストスパートとばかり、極力開始直前まで最後の準備に時間を使いたくなります。

＊バックオフィス作業や準備も仕事のうち

大抵の会議通訳者は自営業、つまりフリーランスです。いわば、一匹オオカミと言えるでしょう。私のように夫がビジネスパートナーとして、スケジューリングマネージャーをしてくれたり、資料揃えから飛行機やホテルの手配と確認、ロジスティクス会計などの細かいところまでしてくれる人がいるのは珍しいケースです。

目の前のことだけに集中できれば楽ですが、リングイストたちは、出張中もスマホを駆使して、前の仕事のフォローや支払の催促、次の仕事のスケジューリングや出張先への予約確認と、仕事に関するすべての作業も並行し、しかも、目前の仕事の準備勉強もします。

もっとも働き方が多様になった現代、「他の仕事だって今どきの専門家はみなそんなもんだよ」

と言われるかもしれません。

それにしてもネットを使えるのにどれほど感謝していることか。

一時代前に、ピーター・ドラッカー氏の講演の通訳依頼のときには準備期間がほとんどなくて途方に暮れましたが、夫の機転で紀伊國屋書店へ飛んでいきました。日本町に住んでいて助かりました。ご著書を英語版と日本語版で二、三冊買いこみました。政治経済の分野にとんと縁のない私でも、長い通訳人生のなかには日米の国会議員さんたちなどの講演やインタビュー通訳の依頼も数が重なります。日系社会では有名な連邦議員のダニエル沖本氏やドリス松井氏などの時には図書館を利用、思いがけず第二次大戦中の日系人の権利擁護運動の歴史を学び、感激したりしたものです。

そういうわけで、準備をするといっても、時の話題になりそうな時事のヘッドラインをみておく、などという総合的なことから、講演者に関連する人名の発音の仕方、さらにメジャーな著作の日本語タイトル名のチェックなどとさまざまです。直前に調べて見聞きした語彙は、本番になれば日英どちらかの言葉を聞くと思い出すものですが、混同しそうな言葉や忘れそうな言葉、必ず話題にのぼりそうな用語や日時は念のためにカンペを作っておきます。

マイクに話しかけながら辞書を使う業は至難ですから、最終的には、その分野に関係した総合力が問われます。その前段階は、その分野やその業界で使う特殊な専門用語を調べて覚えておきます。特に要注意なのは、一般的な言葉であるのに、この業界に限っては違う意味で使われるという用語がある場合です。案外少なくないので、それはできる限り注意しておきます。関連のある一般向けの資料を探し、平明な文をさっと読んでみると、あれ？　という違和感があることがあります。特有の意味で使っている場合は、戻ってそこを良くみればわかります。

即興のスピーチにローカルの土地柄や今の話題を少しはさむのは、アメリカ人に限らず、慣れたスピーカーや講師たちの得意芸ですから、それについていけないと訳に抜けが生じます。そこで、その土地特有のメジャーなイベントは現在過去未来について、ローカル出身の有名人も調べます。気候も半分ぐらいのスピーチには、なにかしらの形で使われるのでチェックします。

今回の仕事は、テキサスですから、耳がテキサスアクセントに慣れるように、少しだけでも復習しておく時間をとります。ローカルの新聞やテレビのニュースステーションが手っ取り早くその手助けをしてくれます。

準備とはいったいなにをしているのかと説明したつもりですが、ここまでお伝えして、自分は実はそんな大変なことしているのかと思ってしまいます。要は、学生のときの試験の前夜の気持ちや行動を考えればよいのかもしれません。好きな科目でも嫌いな科目でも、得意でも不得意でもそれなりに、精一杯するべきことはするしかなくて、あとは運を天に任せる境地になります。一匹オオカミでがんばれる同僚たちは本当にえらいなあ、と尊敬します。

＊通訳もパフォーマンスの一種

さて、大抵の仕事は、なにごともなく無事に終わるのですが、やはり終わるまでは気が気ではありません。朝は「今日はどうなるのか、無事に終わるのか」とお天気からテロの恐怖、自分が風邪を引いてのどを痛めること、花粉症がひどくなり薬の飲みすぎで頭が回らなくなる心配、水やカフェインが足りなくなって仕事に差し支える心配、もちろんおなかの空き具合もパフォーマンスに当然影響がでます。

会議での同時通訳は、集中力が勝負で、気力、自制心と基礎体力がものをいいます。みかけが小柄で細い人でも、会議通訳を看板にしている人は、体力増強のスポーツやダンスなどをしている人が少なくありません。毎日ジョギングや五〇〇回なわとび、遠泳、テニスやスクワッシュの球技、競技社交ダンス、単にジムに通う方もいます。とにかく体力作りを怠らないエネルギッシュな人が多いのです。通訳パフォーマンスの質は、技術や準備の質や量以外にも、体調や物理的環境、それに気力と精神力に影響を受けます。その場その瞬間を待ったなしでこなしていく仕事ですから、ある意味、パフォーマーでもあるわけです。

前日、ダラス空港からホテルへ向かう途中のタクシー車内で、同乗した中国人通訳に「最近どう、なにか素敵なこと、あった?」と尋ねたことを思い出します。

「先日、サンフランシスコ・シンフォニーを聞いていたら、オーボエのソリストが演奏中に舞台で倒れてそのまま二度と舞台へ戻らなかった（亡くなったそうです）」のを思い出したというのです。会話としては変ですが、これから仕事へ向かう会議通訳者としては、とても気になった出来事なのでしょう。

人間ですからパフォーマーが舞台を務められなくなるというのも、稀にあるでしょう。通訳も、ステージでのパフォーマンスと似ています。その場に同席して気になってしまった彼女の気持ちはよくわかります。

何事もなく無事に終わりますようにという初日の願いは無事に聞き届けられて、幸いにこの会議も最後の日を迎えることができました。

といっても、無事だったのは、私をはじめとして日本語通訳者グループや前述の中国語グループのことで、最後の日の早朝、ある国のある通訳さんがホテルのバスルームですべり、あばら骨を折ってしまいました。本人は、パートナーに負担をかけたくないので、痛みは我慢して、残りの一日はブースに入る、と主張したのだそうですが、同じ国のチームの中に面倒見の良い女性がいて、彼女がその人を抱きかかえるようにして、救急医療センターへ連れていき、手当を受けさせたそうです。

ところで、怪我をしたリングイストのパートナーの方は、背が高くてスタイルも良い美しい人ですが、それだけではなく格別有能な人でした。代わりの通訳者をよその町から呼ぶのにはとても間に合いませんでしたから、果敢にも、この日は丸一日一人ですべての同時通訳をし遂げました。

当日に急な代わりを探すのがほぼ可能なのはサンフランシスコ（ワシントンDCを例外として）

のほんの一部の大都市だけです。具体的にはニューヨークやロスでない限りまず無理です。

＊不思議に満ちた曼荼羅の世界

こうしてつい最近の仕事を振り返ってみて思うのは、通訳にとっての日常とは、非日常的な時空間であり、その中で、息をつないでいく仕事なのかということです。

通訳業務の出張先では、クライアントの生きる世界、働く業界でその瞬間のその真実の断面をみせられます。そこを深く掘りさげ、もぐり込ませてもらい、のぞかせてもらうのですが、その場かぎりだけで、次の瞬間には別の空間へ移ります。

これが、技術業務や企業交渉通訳、医療医薬品通訳、会議通訳、法務通訳などのどれであったとしても、これ以上に現代社会の最先端のリアリティを具現して明確にみせてくれる職業も珍しいのかもしれません。時代の闇や科学の神髄、また法廷などではアメリカの日常社会に潜む明暗のコントラストが集約、投影されていることを垣間みせてもらえます。

実はこのダラス出張からかなり時間がたった時点でこの文章を推敲しましたが、その週末は、一週間の米国私立大学でのエルダーケア社会福祉研修講義通訳を終えた直後でした。翌日からは再生医療関連の最先端医療の日米技術協力交渉の通訳が三日間あり、次の二日はドイツと東海岸と東京を結ぶ新薬の治験に関する電話会議をサンフランシスコで通訳するという仕事が入っていました。そしてその週末からの一週間は東海岸を始点とするエネルギー技術や制度関連の通訳。

それが終わった次の週は三日間、地方政府の制度と人材開発の通訳案件。一日か二日休んだ後オペラ歌手プラシド・ドミンゴ氏の複数のインタビュー通訳で南カリフォルニアまで。その後は、大阪の友人の結婚式に出席させていただくべく日本へ。

これだけ分野がかけ離れていると、どれだけ勉強しても、専門家の方たちのお手伝いには間に合うのか気が遠くなりそうで、それを思うと申し訳ない思いです。

そんなこんなを、ひょっと一人になったときに振り返ると、この暮らしは、非日常的な断面を切り貼りした世界にあるようにみえます。そこに生き続けてきた私自身の世界も、それはそれでまた奇妙で不思議に満ちたパッチワークか小さな一つひとつが完結した宇宙を示していると聞く曼荼羅の世界に似ているのかもしれません。

2　家庭と両立する

通訳さんって、どうして女性が多いのでしょうね、と尋ねる方が時どきいます。

男性のリングイストも少なくはありません。主体的な人や専門知識をもった人であれば、それなりのプライドやら一家言があり、自己主張を殺して、感情的にはならず、きちんと本来のサポート役、黒子に徹するのが、男性のほうが案外難しいようにみえるのですが、すばらしい技術を取得されて立派にこなしている方もみてきました。

一般的には女性のリングイストのほうが多いので、さあ、と答えて、少しは考えてみるのですが、正解はわかりません。男性で一流の通訳ができるほどの語学力をもち、ある分野で続けて働くと、コンサルタントになったり、企業に雇われることが多いから長居しないのかもしれません。また、片手にあまるぐらいの数の日本の中小規模の会社の方たちから聞くのですが、語学に優れた人を雇うとすると、困ったことに応募者の大半が女性……（なぜ、困るのかはまあ、日本特有の事情でしょう）。

外国語を使うポジションだと結局は、女性を多く雇うそうです。脳生理学上の男女差の説明やら、社交性の差やおしゃべり度の差やなどと仮説はいくつかありますが、適性や技術の熟練度と、キャリアはまた違います。生活の糧として長く仕事をするのは、必ずしも「上手だから」「向いているから」とは限りません。適性があって好きなことをキャリアにできれば、その仕事で生活が成り立つのであれば、それほど良いことはないでしょう。

その点、女性は、仕事や職業をよりドライに考えるのかもしれません。実質的に、目の前に理想的な仕事がなければないで、パートでもなんでもします。その間、キャリアアップのための通信教育などにも努力をする、そういう具体的な生き方が上手なような気がします。男性は、どうせ仕事を探すなら、一生できる仕事を（私も通訳は腰かけ、緊急避難時、などと長く考えていた口なので、男性がとは言えないかもしれませんが）と考え、少なくともその先に続く仕事を探す傾向があるのではないでしょうか。

英語の表現でデッドエンドと言いますが、通訳業は、一見先がない仕事にみえるのでしょう。確かに年齢に関係なく、多少技術が向上しても、同じペイで同じ条件で働くことが多いわけですから、出世も昇進も長期プロジェクトを終える達成感もない仕事といわれても仕方がないところがあります。

ただ、長年続けるには、それなりの継続的努力を要求される仕事ですから、やはりその点は舞台や銀幕（お！　ふる〜い）パフォーマンスで生きるのと似たキャリアです。

多くの同業者をみると、もう一つ大きな要素があります。男性リングイストは当たり前のようにすんなり家庭と両立している人が多く、女性は努力して家庭との両立を目指している、両立させる努力をしている人が多いことです。

仕事の準備は欠かせませんが、その時間をどう確保するか、どう勉強するのかには多少の柔軟性があります。自由度が大きいので、家庭をもつ主婦や母親業の女性はその時間やスペースを編みだすのが可能で得意な人もいます。特にインターネットが普及した今は、ファックスや電話、本屋さんや図書館に頼っていた時代に比べ格段に自由度が増しました。

自宅で翻訳業をするリングイストも同じですが、ここでは通訳の話をしていきます。

電話会議を自宅からサポートする、という通訳案件も時どきありますが、できれば、世界中多くの複数カ所を通信でつないで行う会議であっても、通訳者には物理的に司会者の目にみえる場所にいてほしいようです。

そこで、通訳者は会議場やホテルの会議室や企業の会議室などに出かけます。近い場合もあり遠い場合もあります。単独で会議場へ行く場合もあり、クライアントとどこかで落ち合い、そこから会議場や視察先まで同行する場合もあります。

ほとんどの場合は、予定があらかじめわかるので、家をあける時間を計画できますから、ベビーシッターやハウスシッター、ペットやプラントシッターなり必要に応じて雇えます。

仕事をする場が遠い場合は出張になりますが、夫婦間の信頼関係や、伴侶がどの程度自活できる人なのかにより、また、子どもたちとの関係もしかりですが、それによって「出張はしません」というリングイストもいますし、条件次第で出張可能という方もいます。

連日継続的に仕事が入ることもありますが、他のフルタイムの仕事と違い、通常は一カ月のうちすべての日に予定が入ることはありません。会議が数日続く場合もあり、視察研修などなら一～二週間続く場合もあります。週末四回の八日間以外、月に二十日以上も通訳で働くという人はあまりいません。人気のある高名なリングイストなら、それもあるかもしれませんが、それほ出ずっぱりになるのは、例外的な方、または例外的な季節といって間違いないかと思います。

自分自身のバランスで、家庭と両立できる程度に仕事を引き受ける方もいます。自由業の醍醐味でしょう。しかも、仕事の質と仕事の頻度にはある程度までプラスの相関関係がありますが、その線を超えて忙しくなりすぎるとマイナスに転換し仕事の質が落ちます。

収入は仕事の質と種類と頻度の相乗効果の結果です。とはいえ、自営業であれば時給に基づく日給月給の場合が多いので、ほぼ労働量に比例します。もちろん、フルタイムのリングイストはお給料制ですし、専属でリテイナー（定額顧問料）をいただくリングイストもいます。リテイナーは少額で実際の仕事の量によって調整する場合もあります。

私の場合はある多国籍非営利組織との長年の契約でリテイナー（先方からすると外注者）をいただいていますが、英文事務やコミュニケーションに必要な作業が時どき派生するのでそのときだけお手伝いをします。細かい作業で、いちいち一五分単位で記録をつけたりタイムカードを出したりしないですみますし、信頼関係のもとではお互いにそのほうが便利です。

また、二十一年続いているカリフォルニア大学サンフランシスコ校医学部とのコーディネーター兼リングイスト専門家契約は年毎の更新制で、年俸額は原則例年交渉になりますが、実質は仕事の内容が変わらないので自動的な更新です。フルタイムで働いた場合の最高額は丸一年分まで保証されますが、実際の支払額は実働時間や内容を報告し、医学部と法務の責任者の承認を得て、支払われます。

ある日系の非営利組織では、十年間ほどオンコールでチーフトランスレーターの契約をしていたこともありました。年間の予算が千ドルでしたので、一月一日から翻訳の仕事をぱらぱらいただくのですが、千ドル分働くと、その後はその年の十二月三十一日までの翻訳を無償でするボランティアワークでした。

自営業のリングイストのビジネス面は自営業のコンサル業務と似ているように思います。相場の時給は高いのですが、専門的な知識や実務技術を身に付けるまでのトレーニング期間にはかなりの投資をしていますし、契約内容や依頼内容を実行している時間に加えて、現場への交通時間や準備時間、さらには経理や営業に使う時間もあるので、実質上の（勉強時間は入れず）時間給は三分の一くらいに思います。

それでも応援システムがある家庭なら、女性が家計を支える収入を得ることも可能です。私自身はそういう明確な考えの元にこの仕事をしてきたわけではないのですが、結果としてアメリカ社会での共働きの必要性を実感したことはあります。

夫のプログラマーとしての仕事環境が苛酷過ぎて、命の危険を感じてやめてもらいました。彼は、その後起業したつもりが成果報酬の回収に三年近く連続失敗しました。

その頃、日本ではバブル経済が崩壊し、海外の視察や研修、情報収集は観光や遊びとイコールであった時期を抜け出して、より深い理解と実績を求める方向性への転換が起こった時期で、レベルの高い通訳を多用し始めた頃でした。大学を卒業しても研究職に就いていたおかげで学生時代からの通訳や翻訳のアルバイトが忙しくなりすぎ、職探しをする暇もなく仕事に追われて暮らしているうちに今に至ったわけですが、私の収入が生活を支えていた時期もありました。

それから十年ほどたって両股関節手術で人工股関節置換した前後の数年間は、海外で二回ほど、車イスで会議通訳を担当した以外は社会福祉関連の通訳や多少の翻訳業務を続けたぐらいで、通常のエージェンシーの仕事はまずもらえず、その間の生活は収入面でも夫に頼りました。

家庭と仕事を両立させる自営業リングイストは、アメリカに限らず日本でも、伴侶の職や収入の動きに連動したり対応したりしているのではないでしょうか。

ちなみに、湾岸戦争やサーズ（重症急性呼吸器症候群）、日本の経済不況、アメリカ同時多発テロ事件、東日本大震災など大きな出来事が起こる度に一般的な通訳業務の需要が激減し、通訳だけをしていた人たちには職替えをする人も続出しました。

3　肩肘はる通訳者が多い

「しかし、まさみさんみたいな人も珍しいよねえ！」

クライアントの担当の方ではなく、その上の方で、それほど交流があるわけではない方から、急に声をかけられました。

「同時通訳もするんでしょ？　結構トップの人たちとか、すごい仕事もするって聞いてますよ」

「ええ……。というか、お仕事なら難しい仕事でも簡単な仕事でも、なんでもしますよ。難易度も分野によって違いますし。慣れた分野ならどういう難しい仕事でもしっかり勉強して臨みますし、まったく知らない分野ならお断りしたほうが、かえってお客様に迷惑をおかけしないですむこともありますしね……（この話どこへ行くんだろう？　どういう答えを期待して、なにを振られているんだろう?)」

「いや、同時通訳をする人って、他のことはなにもしないだろう? 頼んでもやってくれないし」

「そ? そんなことも、ないんじゃないんですか? 人によるんじゃないんですか?」

「いや、よらないね!」

(あ、そーですか。この方の経験の範囲ではそーなんですね。反対しても無駄だし、ここで反対例をあげ募ったりしたら話が本題からそれる……)

「うちは、まさみさんになんだか、なんでも頼んでいる気がするんだよ。」

「はあ…… (できることはします、できないことはしません)」

「でも、それでいいのか、っていうことだよ、結局。」

(ポイントは餅は餅屋に、ってことでしょうか。私がしているような「ついでのこと」は、本来その専家に頼むべきだ、というご自分の部下への間接的なあてつけのご発言でしょうか。それとも、もっと単純に、なんでも頼めるから助かっているんだよ、という間接的なお褒めの言葉でしょうか……悩みます)

そこまで言って、「お、もう時間だから……これでお開きだね」と突然、立ち上がって言いたいことだけ言って、風のように立ち去ってしまいました。日本のトップの方々に時どきある典型です。

同時通訳者は、頑固に自分の仕事領域を守る人が多い、というこの方の印象は、他の機会でも聞いたことがあります。ある北米都市の国際会議でコーディネーターをされた方が「あの方（同時通訳者）たちには、余計なことや気遣いは頼めません。自分は通訳ですから他のことはいっさいいたしません、という肩肘張った人が多いんですよ」とコメントされていました。

同業者たちをみていると、初心者にせよベテランにせよ、そういう印象を与える人が多いのは否めないようです。

実務内容、取組み姿勢、そしてクライアント対応も含めて、とても尊敬している会議通訳者が何人かいます。業界でトップレートをチャージして、しかも常にとても忙しく仕事が途切れない方々です。ある方は、初めてパートナーをさせていただいたときの対応に、とても感激したのと同時に、圧倒されて怖いぐらいとも思いました。会話なのにいちいち叱られているようなのです。つまらない頼みごとをしたらぴしっと断られそうでした。

ある会議で、質の高い仕事で定評がある通訳パートナーに、スピーカーの随行者から「門外のあなたたちが間違えたら、わたしが直すので送信機を貸してください」と申し出がありました。それに対し、「プロなので大丈夫です」ときっぱり断ったのです。

でも、それは自分の領域をきちんと決めて、その範囲は、完璧に自分の納得のいくレベルで取り組みますよ、というプロ宣言が姿勢に表れているだけだったのです。

この領域は任せれば安心、と思わせる自信と気負いが伝わってきます。ここは誰にもなにも言わせません。私の要求する通りに動いてくれれば、環境を作ってくれれば、こちらも全力を尽くしますから、この場で可能な限りの最も良い結果を得ることができるはずです、というメッセージが無言の圧力で迫ってくるのです。

この方の体力は尋常ではなく、少し前にパートナーを組んだときも朝から夕方までの仕事が終わってもイキイキとしていて「またもう一つ、これから明日の朝まで一日相当の仕事をしろって言われても、できると思うのよ、私。もっとも、これから明日の勉強しなくちゃならないけど」というのです。偉大な人が自然に発する圧迫感です。

別の方で、非常に美しい日本語ととても美しいエレガントな英語を話す方がいます。やはりその方と初めてパートナーを組んだときには、大変なプレッシャーを感じました。いつのまにか自分の日本語と比べてしまい、自分の日本語が粗野に聞こえてしまうのです。

この方の場合は、完璧に自分の役を、仕事をし遂げたいという気持ちがとても強くて、いつも緊張しています。仕事が終わると、ぐったりして口を利くのも大儀そうにしていますが、仕事が続いている限りはその口調はしっかりしています。そして、終わるとまた、これが同じ人かと思うほど、全体的にエレガントな女性に早変わりします。「どちらが本当?」と質問すればどちらも本当、という答えが返ってきそうですが、仕事モードと、個人としての対応が別人のような方は案外いるように思います。チャレンジ大好きで仕事への闘争心の塊のような前出の方もいますし、精一杯尽くしきって、脱力感と充足感の中で、素敵な人間になる後者のような方もいます。

人によっては、仕事の質を落としたくないという信念があり、ウィスパリング（横隣か斜め後ろに座り、聴き手の耳元でささやきながら要約を通訳していく）はしないと決めている方もいます。簡易型の器具を使うことはあっても、一人で数時間も続けて同時通訳をしていくウィスパリングの変形のようなこともしません。

私も仕事中と普段がだいぶ違う人間かもしれません。

普段は平熱体温が低く、血圧も低いのですが、仕事、となると体温も上がり、血圧も上がります。ぴちっと神経が張りつめてアドレナリンも出るらしく、多少のアレルギー性鼻炎の症状など治まってしまいます。私の夫などは、これから仕事に出かけるという直前などはなるべく話しかけないようにしている、どのようなとばっちりを受けて、いわれのない文句をきんきん言われるかわからないから、と公言します。地元の仕事で夫が送り迎えしてくれる際は、仕事モードの私には腫れものに触るように対応しているよ、とよく人に話しています。

4 ライバル

あるとき、親しくしていただいている同業者とお茶をしていました。この女性は、日英の医療通訳を多く請け負います。地元の大学で「医療通訳」認定コースを一年かけて終了し、その認定を前提条件とする医療通訳者の派遣業エージェンシーのいくつかに登録もしているベテランです。

「前にまさみさんに言われたでしょ、どのぐらい勉強したら自分を許せるか、って。今でも良く考えるのよ」

「そう？」

「私、決めたの。限られた条件で勉強はする。精一杯する。でも、結果が思うようではない場合でも、くよくよしない。精一杯したんだから、って考えるようにしてるの。もっと勉強しておけばよかったとか、どうしてこれぐらいのこと調べておかなかったんだろうとか……あとになったら、もう考えないようにしてるの。」

本当にその通りで、この仕事は、心臓に毛が生えている、といわれるぐらいに度胸がなければ続けていけないし、面の皮が厚い、と言われるほど多少のミスや不完全性にこだわっていてはあとが続かないのです。

それとともに、逆説のようですが、綿密な準備も必要だし、失敗は次の肥やしにしていかなければならないし、どのような経験でも、積み重ねることで深みを生かすことができます。

通訳仲間というのは、同業の苦労がわかってもらえる気安さもあるのですが、フリーの通訳者同士は、個人競技や個人パフォーマンスの競合相手になる可能性もあり、微妙に緊張が消えません。また、日英通訳者はゴマンといるはずなのですが、案外狭い世界で、長い間にはほとんどの人が大方の人をなんらかの形で知っているというような世界でもあります。

私も地元コミュニティで医療通訳（病院通訳とも。医療の現場で患者さんと医療者の間の会話を通訳）

をしますが（学術業界や医療技術系で医療者や専門家に対する医療系通訳は臨床の医療通訳とは別物です）、ほとんどがボランティアなので、この女性のようにプロとしてする方とは、ほとんど競合しません。それでいて、お互いのピンチの際には相互に助け合うこともあります。もっとも、エージェントの仲介の場合は、エージェントが代わりの人を出すので、私のほうは「必要ならその時間空いていますよ」とお伝えするぐらいですし、私の代わりをお願いする場合には、私が代金をお支払して代わってもらったりもします。

というわけで、この女性とは特定の案件の競合はなく、その分また気安く話ができます。

エージェンシーの業務にはエージェンシー間で入札競争がありますが、通訳者同士の競争は聞きません。お客様のサイドでは実際は値段で選んでいることがあるかもしれません。よく使われる区分はAクラス、Bクラス、ときどきは使われるのはスペシャルです。旅行社手配の通訳に使うクラス分けですが、観光や団体視察旅行で通訳選びに使います。仕事の難度と価格が連動していてクラスを指定してエージェンシーに人選を頼みます。

通訳者同士の競争は他の言語ではわかりませんが、日英通訳に関して、また私の知る範囲ではそれほど表面に出ません。フリーの通訳者同士があきらかに仕事の取り合いをすることが起これば、案外この業界ではすぐに噂になります。そうなれば、プロとしての倫理行動にもとる、という色眼鏡でみられることもあります。もっとも、資本主義、弱肉強食の国ですから、「みられる」ぐらいでは痛くもかゆくもない、仕事は取れるほうが勝ちという人もいます。

確率的には非常に少ないのでしょうけれど、私の身近にもいくつか起こったことがあります。

それまで毎年の業界団体視察旅行の際にはエージェントに「通訳は小林まさみを」とご指名いただいて雇ってくれていたクライアントが、あるときからぱたっと連絡がなくなりました。私は元来は「来る者拒まず、去る者追わず」なので、そのまま忘れました。しばらくたって、そのエージェントが、ある年、私のスケジュールが前から決まっていた案件と重なってしまったので、その年は代理を頼んだのですが、翌年からはその方が強引にその仕事を引っ張っていってしまったために私は雇われなくなり、今もその人が担当していると教えてくれました。

また、私が代理で頼まれた案件で、あと数分で無事に終了というところまで仕事をしていたのに、いつも頼まれていた通訳さんが突然会議中に走り込んできて、私は有無もいわさず、会議場から追い出され締め出されたこともありました。しかも会議が終わった時点で連絡をしてきて、決してこのクライアントには直接コンタクトしない、という誓約書を書かされました。

他にもエージェントから依頼された案件ですから、私に独占権（？）などはないにもかかわらず、現場で交換した名刺はすべて某エージェントに提出しなさいと言われて、それらの名刺のコピーもとってはいけない、直接コンタクトしてはいけない、と言いわたされたこともありました。それほど信用されていないのかと驚きましたが、後日談があります。

通訳エージェントからお客様を横取りしてしまう通訳さんもいないわけではないので、某エージェントが用心深いのも仕方がない、と考えたのですが、違う町で同じグループについたある通訳さんが、その某エージェンシーよりも安い料金をクライアントに提示して、そのクライアントはその後の渡米のたびに、その通訳さんを全行程に付けるようになったというのです。

その通訳さんが、特にそのクライアントの方に合う適切な仕事をされたのかもしれないし、あの某エージェントの対応に、他所の町のその通訳さんが反抗的になってクライアントを奪ったのかしら、などと思い、数年がたちました。ところがその某クライアントから、ある日私に直接連絡がありました。

「もう、通訳していないのですか」と聞くので、「いえ、まだ現役ですよ」と答えると、「誰だれさんが小林さんはもうやめたので、自分を使ってくれと言ってきたから、使っていたが、その人が事情でやめてしまった、誰か適切な人がいないか探しているけれど、小林さんはどうですか」とおっしゃってくださいました。

そうなった経過や事情がやっと明快になりました。覚えていて思い出していただいて、わざわざ連絡してくださるとはなんともありがたいことで、通訳冥利です。

こういうとき、つい、「では、さっそく!」と言いたくなってしまいますが、私の場合は必ず元のエージェントに戻します。マネージャーをしてくれている夫の弱みはここで、たとえ自分たちが大損したとしても曲がったことができません。それに、長い間には評判にも影響が出ます。このときもエージェントへ連絡するように頼みました。しかし、そのお仕事はいただけないままでした。

郵 便 は が き

お手数ですが
切手をお貼り
ください。

102-0072
東京都千代田区飯田橋3-2-5
㈱ 現 代 書 館
「読者通信」係 行

ご購入ありがとうございました。この「読者通信」は
今後の刊行計画の参考とさせていただきたく存じます。

ご購入書店・Web サイト			
	書店	都道 府県	市区 町村
お名前《ふりがな》			
〒 ご住所			
TEL			
Eメールアドレス			
ご購読の新聞・雑誌等			特になし
よくご覧になる Web サイト			特になし

上記をすべてご記入いただいた読者の方に、毎月抽選で
5名の方に図書券500円分をプレゼントいたします。

お買い上げいただいた書籍のタイトル

本書のご感想及び、今後お読みになりたいテーマがありましたらお書きください。

本書をお買い上げになった動機（複数回答可）

1.新聞・雑誌広告（　　　　　　　　）　2.書評（　　　　　　）

3.人に勧められて　4.ＳＮＳ　5.小社ＨＰ　6.小社ＤＭ

7.実物を書店で見て　8.テーマに興味　9.著者に興味

10.タイトルに興味　11.資料として

12.その他（　　　　　　　　　　　　　　　　　　　）

ご記入いただいたご感想は「読者のご意見」として、新聞等の広告媒体や小社Twitter等に匿名でご紹介させていただく場合がございます。
※不可の場合のみ「いいえ」に○を付けてください。　　　　いいえ

小社書籍のご注文について（本を新たにご注文される場合のみ）

●下記の電話やFAX、小社HPでご注文を承ります。なお、お近くの書店でも取り寄せることが可能です。

TEL：03-3221-1321　FAX：03-3262-5906
http://www.gendaishokan.co.jp/

ご協力ありがとうございました。
なお、ご記入いただいたデータは小社からのご案内やプレゼントをお送りする以外には絶対に使用いたしません。

難しいところです。でも、ここで迷わずに自分の信じる方針に沿い、小さな欲を抑えるような積み重ねが、数十年も同じ仕事をさせてもらえる土台になるのではないかと思います。

5　契約書をその場で音声翻訳

ある日、ビジネス上の交渉ミーティングを逐次通訳すべしと派遣されたときのことです。九〇年代だったでしょうか、今から考えると、まだまだのんきな時代だったのですね。

日本の会社から社長さんが、長年付き合ってきて気心の知れたアメリカの会社を一人で訪ねてきました。アメリカ側からは、ＣＥＯやＣＦＯ、また法務部部長などを含む五人ほどが入ってきて、にこやかに挨拶やら握手やらが済みました。日本側は、これまでこの会社と信頼関係が築けてきたと思っています。日本からの技術を教える技術者も送り、日本から、このプロジェクトの費用として数回、大金も送金したにもかかわらず、アメリカ側はいまだにプロジェクトを始めていなかったのです。それがどうしてなのかわからないので、しびれを切らした会社代表者がじきに来てみたということでした。

こちらの事情を話して、是非そちらのご事情を教えていただきたいと尋ねると、話すよりなにより「まず契約書に署名を」と言われました。当時の日本の会社は、仕事がある程度まで終わったところで、その固めとして契約書を交わすというのが習慣でした（実は二〇一六年でもこの習慣が残っています。仕事は口約束で始めて、半ば形がみえてきたところで、再度条件などの確認となり、契約書そのもののサインは支払い時にまとめて行う、などというケースが結構少なくありません）。

契約書の法的重みや倫理的重みに日米の違いはないのですが、いきなり契約書にサインしろというのは、まったく予期していなかったことでした。

「帰国後なるべく早く、署名済みの書類を送付するようにします」と社長さんは返事をしましたが、それではアメリカ側は納得しないのです。これまでにドラフトを何度も交換し、詳細に合意ができていました。これといった変更もないのですから、アメリカ側からすれば、人やお金を送ってくるほど急いでいるなら、なぜ契約書にサインが得られないのか不思議でしかたがなかったのです。そこへ社長さんがのりこんできたのですから、これはいよいよ契約締結かと期待していたことでしょう。それ以外に、なぜ社長さんがわざわざご自分でのりこんで来たのか、当時のアメリカ人には理解しがたいことでした。

「今サインしないのであれば、私たちはこのプロジェクトをもうこれ以上続けていくことはできない。一時間だけ考えてほしい」と口調は柔らかいものの内容は最後通牒を渡し、五人全員が部屋を出てしまいました。

試練の緊急事態です。

「ドラフトは微調整のみで往復し、これが最終案です。中身は細部まで合意ができています。この先の変更予定はまずありません。このプロジェクトの日本側の予算も、既に三分の二は使ってしまったのですよね？」

私はそれまでにその場で聞いた話を、繰り返して確認しました。

「それが本当なら、ここでサインするのが最もよい解決法なのではないですか。法的なことについては私はなにも言えない立場ですが、英文の中身についてはできるだけ正確に細かいニュアンスまで説明します。疑問があれば日本へ電話して法務部長をたたき起こしましょうよ。私の説明と、法務部長の説明で納得できたら、この契約書にサインしてください。それが双方にとって、このプロジェクトにとって最も良いことだと思います」

と通訳の分際を超えて提案してしまいました。

それまで、ハトが豆鉄砲をくらったように驚いて言葉を失っていた社長さんは、状況を熟考しました。そして顔をあげて、いさぎよくこの申し出を承知しました。

ページ数の多い文書を延々と口頭で訳しながら、珍しい用語などについては他の訳し方の可能性なども含めて説明しました。翻訳に似た作業でしたが、通訳業務の中には、このように契約書の中身や法律の文書などを口頭でその場で説明していくという作業も時どきあります。

6 スピーカーの代理で通訳

日本の人は流行に敏感です。それは、どの業界にも浸透している才覚のようです。オピニオンリーダー的な学者や研究者が紹介する内容は、とかく話題になりやすく、一度話題になると「箱根まんじゅう、おいしいんですよ、食べたことないんですか？ 箱根に行ったのに？」。そう言われるとせっかく箱根に来たんだから一度は食べておこうか、という……あれは不思議です。つい乗せられてしまいます。数百年、いえ千年以上も続いたお伊勢参りの伝統からきているのかと思ってしまうぐらい、日本人には古くから染みついています。

海外情報収集上のミニマムスタンダード（最低限の常識）もなぜか似ています。とりあえずそれを充分に知り、消化した上で、プラスアルファを取り入れることが大事になります。

通訳を使う視察や調査などもその轍を踏んでいました。二十一世紀の今は、なにもかもが恐ろしいスピードで変化していく時代ですが、そうなる少し前までは、一度業界で有名になると、繰り返し同じ人に同じ講演や同じプレゼンを頼んだ時期がありました。

アメリカ人の場合は、通常は聴衆によって、プレゼンの仕方も変わり、スピーカーによっても、どう準備するかが違います。用意したものをどう対象の聴衆に合わせれば理解してもらえるのか、またスピーカーのそのときの気分次第で即興の工夫を入れます。

ところが、日本人グループの場合は、短期間に多くのグループが押しかけて、同じテーマを要求されるし、しかも、概論を知っていて尋ねてくるのにもかかわらず、なぜか、まずは総論概要の説明を要求されます。そこで時間におされて、個別の工夫にも限りが出てきます。まして、高度に専門化されている研究所などでは、研究者の選択も限られる関係で、通訳も同じプレゼンを、何度も通訳させてもらうことになります。

プレゼンターには名前と顔を覚えてもらえるだけではなく、「じゃ、ここから先の三枚のスライドはいつもの通りまさみから説明してね」などと言われることも少なくありません。

このエピソードは二十一世紀には合わないので削ろうかと思っていたのですが、つい最近、ある同通パートナーと話していたときに同じ話題が出ました。昔はよくそんなことがあったわね、というコメントでその人も同じ経験をしたそうです。

極端な場合は資料を手渡されて、プレゼンそのものを頼む、と言われることさえありました。逐次通訳では、日本語に訳している間、ぼうっと突っ立っているだけのアメリカ人スピーカーが飽きてしまうからです。

日本人は場を共有する経験そのもの、時間を共有することそのものを大事にしたりするのですが、アメリカ人は無駄や儀式的な時間を好みません。日本語訳だけにすれば半分の時間で終わるし、とアメリカ人らしく効率を考えるのでしょう。

私がスライドをざっと説明して「終わりました」と伝えると、スピーカーはにこにこして、「じゃあ、質問受けますよ」と横に立ちます。二十一世紀になったら、こういう付和雷同的プレゼン要求傾向はなくなると予想していましたが、内実はプレゼンの仕方や種類が変わったのではなく通訳の使われ方が変わりました。

まず一つには昔風の概論などは極端に短くなるか、ネットでみてくださいね、とスキップされることが多くなっています。このことはより詳しくウェブで紹介されています、という案内や概要紹介のビデオ導入も多くなっています。なかには日本語でのプロダクションも増えてきています。

二つ目には、より専門化した内容に応じて、簡易同通器具を使うプレゼンやビジネスミーティングが非常に多くなっていますので、英語を話すスピーカーやプレゼンターが「無駄な時間」をただ立って待っていることがなくなり、自分で言いたいことを言いたいようにエネルギッシュにしゃべり続けることが多いのです。

7　ナバホ英語からスタンダード英語へ

アリゾナ大学で会議通訳がありました。文化人類学分野でユーモアについての国際会議でしたが、学者たちが、人がおもしろがる、という感情の反応について言語学的に分析するので誰も笑う人もなく、内容も素人にはまったくおもしろくもおかしくもないセッションばかりでした。

仕事が終わった日の午後、ナバホ居留地への観光ツアーに誘っていただいたので、気分転換も兼ねてのんきについていきました。

ナバホ族のガイドさんは、精悍な体つきで、ルックスも抜群の青年でした。若かった私は、さすがに目じりをさげぎみに、気を良くしていました。知らぬが仏、とはよく言ったもので、その後なにが待っているかも知らずに、にこにこルンルンでした。

説明は進むのですが、すぐにあたりが騒がしくなりました。

私がついていった一行はヨーロッパからの言語学者（学究的リングイスト！）が数人と、同じくイギリスやアイルランドの文化人類学者たちのグループで、アメリカ人が一人もいませんでした。八〇年代の半ばでしたから、今と違ってアメリカ英語はまだビジネスでもリンガ・フランカを越えず、国際英語としては地位が低かった時代ですから、アメリカ英語に耳慣れていない方たちが多くいても不思議ではない時代でした。

会議中に、彼らがニューヨーカーやシカゴあたりの学者たちと話をしていたのを目撃しましたが、このガイドさんは強い南部なまりで話します。しかも、あいにくなことに英語が母語ではないらしく、ナバホなまりも強く、文法もめちゃくちゃくちゃです。片言とまでは言わないにしても、前置詞は飛ばすし、時制はいったりきたりします。日本人の習いたての子供英語みたいなものです。ただ一人、のんきで平気な顔をしていたので、リングイストたちは、「わかるか？」「わかったか？」と個別に私に次々に尋ねてきました。

私をアメリカ先住民出身とでも思ったのかもしれません。とにかく、それがあまりに面倒になってきたので、私はグループの前に出てマイクを借り、英語から英語への通訳をしました。

そこにいた学者たちがやっと静かになりました。みていた土地の人はたぶん、ガイドさんの英語も私の英語も両方わかるので、さぞかし、なんたること、とあきれていたに違いありません。

もちろんノーペイで景色も楽しめず、ひたすら働いただけの観光ツアーでした。

8　口頭英語を英語の書き言葉に

これも今は昔、電話会議がまだまだ珍しくて音質も悪かった頃のことです。あるハイテク会社（すでに古くさいイメージですが）で通訳として雇われました。ビジネス会議であり、特に資料もない、との説明があり、電話会議とは知らされない依頼でした。

会議室へ案内されると室内には長いテーブルが置かれていて、片側だけにアメリカ人がずらっと並んでいました。日本の人たちはなにかの都合で遅れているのかもしれません。

そこへ「今日はコンファレンスコールだから、よろしく」と声がかかりました。重要なメンバーがなにかの都合で地理的に離れたところにいる場合など、スピーカーフォーンをつないだまま会議を行います。遠距離の方がたまにコメントをしたり、その人の専門の域ではちょっと説明したりなどは、当時もよくありました。通常時間的には全体の中のほんの一部で、通訳側にはあまり負担にはなりません。

あ、そうなんですねえ、聞き取りにくい音質じゃなければよいけれど、と思いながら心準備をしているところへ「日本人たちは東京にいるから」と付け加えられました。

真ん中に電話会議の器具がでんと据えられています。まだ、今のような瀟洒《しょうしゃ》で小型なものではなかった頃です。思わず「だったら一列に並ぶ必要ないんじゃないですか」と言いそうになりましたが、大勢に影響する大事ではないので、我慢して沈黙を守りました。

それより、許されるなら強く声に出したかったのは、「そんなの聞いてなーい」でした。表情やボディランゲージはスピーカーの意図や反応を理解するのにとても大事なヒント。会議通訳では必ず、ブースの窓からか、遠ければスクリーンを設置してもらい演者や話し手の様子をみながら通訳します。テーマやキーワードも知らされていなければ良い仕事ができるはずもありません。

事前資料もなしで、いきなり電話の向こうからの声だけをヒントに、すべての会話のニュアンスを聞き取るのは困難です。その上、固有名詞がやたらに出てきたら、もうアウトです。誰だれです、なになに部のなんとか担当セクションチーフアシスタントです、のようなことをむにゃらむにゃらと超スピードやぼぞぼそと言われてしまえば、その人特有の発音に耳が慣れるひまもなく次の人のぼぞぼそが出てくるわけですから辛いのです。

会議が始まりました。

案ずるより産むが易しで、意外にすらすらといけたのですが、いきなり関門が……。

会議が進むにつれて、日本側に英語で話す方が出てきたのですが、彼が話したあとに、アメリカ人たちは私がそれを訳していない、と文句を言うのです。あわててノートに「彼は英語を話しています」と走り書きし、全員に回したのですが、彼らはばつの悪そうな顔で困惑しながら、お互いをみているばかりです。

そこで、メモに彼の英語をそのままの英語に書き写し、急いで回覧するやり方に切り替え、急場をしのぎました。この人の英語は、日本語のなまりの他に東北弁のアクセントが強いという特徴もあったので、電話会議技術もまだ初期の頃のアメリカ人たちには、理解できないのも無理はなかったのですが、かほどさように英語から英語の仕事も案外飛び込んでくるものです。

9 離婚交渉の通訳

アメリカのある都市の家裁で、離婚したい日本人夫婦の仲裁担当の方から通訳依頼がありました。ご夫婦とも日本人です。その州で結婚し、住み続けたので、離婚の申し立てはその州の決まりにより、住む地域の管轄家裁に申し込まなければなりません。家裁が最初に要求するのは仲裁プロセスを踏むことです。どのご夫婦でも、子どもの親権や資産、特に持ち家やその他の財産のことで、決めなければならないことは案外に多いものです。

このご夫婦の場合は、既に直接話しあった結果、大事なことに合意が至らず、二人が次の建設的な方向に進んでいくための段階にはまだ遠いようでした。仲裁にも、二人とも一人ずつの個人面談にしか応じないといい、徹底抗戦の構えです。

お二人とも日本人でアメリカ暮らしは長く、日常会話には英語で困りません。けれども、裁判所での硬い英語はわかりにくく、法律的な書類などもいくら一般向けに作成してあるとはいえ理解が難しいので通訳を必要としていた方たちでした。

まず夫の面接で、すべてが英語です。不幸なことにアメリカ人仲裁者は経験を積んだベテランではないのになぜか難しいケースを担当した風でした。仲裁を含んで離婚成立までのプロセスやシステムの説明を長々とし、事前に提出された手元の資料を参考にしながら質問します。仲裁官は聞いた内容は再確認したりしながら、熱心にノートをとりました。

次は、妻の側の面接です。仲裁官は今度は、通訳をしている私に、「本当にそう言ったのか」「あなたはちゃんと通訳をしているのか」といちいち尋ねるのです。

目の前の女性が話している内容のはずなのに彼が聞く英語の中味は、自分のノートの内容とまったく違う内容なのですから、自分の耳は疑わず、自分のノート技術も疑わず、とりあえずは卑近な通訳者の通訳能力や技術を疑ったのです。

同じ夫婦生活をしているはずなのに、夫の言うことと妻の言うことが違うのは、「羅生門」の例えを持ち出さなくても宇宙の真理です。けれども、このご夫婦に限っては、まるでまったく違う二組の夫婦を面接しているようでした。とても「同じ結婚生活」の中身を話しているものとは思えないのです。もっともそれからずっとのちに離婚した友人夫婦にもそういう人がいましたので、例外中の例外というほどのことでもないのでしょう。

裁判所に来たご夫婦に意見の一致や感想の一致があれば、かえって担当官としては偽装結婚の解消かもしれないとか、気味が悪いとか、思わないのでしょうか。とはいえ、これも、またずっとあとのことですが、対極の日本人ご夫婦の離婚をリングイストとしてお手伝いしたこともありました。長い手続き期間の最後の最後までとても仲が良く助け合いながら普通のご夫婦よりよほど見た目には仲むつまじいご夫婦でした。

法廷や裁判所の通訳には、通訳個人の意見をさしはさむことはできません。まして、どう受け止めるべきだ、などという老婆心アドバイスなどはもっての他です。そのために弁護士、結婚カウンセラー、裁判所の仲裁官などがいるのですから、通訳の役割分担はツールに徹することです。iPhoneのSiri（音声操作のツール）が提供する程度のユーモアも許されません。

なんの説明も言い訳もしないリングイストとして自動的な言語のピストン運動をしていた私は、それゆえ仲裁官に通訳能力を疑われました。あやうくその場でクビになりそうな気配を察してくれた妻が助け船を出してくれました。日本語での話し方を客観的に変えてくれたのです。

「夫はこの件についてはこれこれと、言ったでしょうけど、実は……です」「夫の言い分はそうでも、それを私に言わせてもらえば……」「私の立場としては……です」などという表現に変えてくれました。

おかげさまで、その場は首にならずにすみました。くわばら、くわばら。

10　聴衆全員バイリンガル

ある日、アメリカの大都市で、日系の比較的大規模な企業の祝賀会がありました。日米の数ある子会社からトップクラスの人たちが参加し、共通語は英語、みな談笑していました。内部関係者だけの参加でしたが、それでもかなりの規模でした。大ホールはいっぱいです。日本人はほぼ全員バイリンガルのようでした。なぜ英語の通訳が必要なのか不審に思いながらも、私は契約に沿って、日本人スピーカーの話を訳しました。

逐次です。内容は可もなく不可もなく、無事に終わりましたし、思ったより日本語スピーチの部分は短くすみました。

終わったあとにご本人は、相好を崩していらして、

「いやあ、大変だったねえ、上手に良くやったね、うん、うん」と言っていただきました。神経を集中して丁寧な仕事をさせてはもらいましたが、それほど大変なこととは思えませんでしたので、「仕事ですし、普通のことですよ」と言うと、「いやいや、謙遜の美徳というのか、いいねえ日本人は……」という謎の会話がありました。

大層な祝賀会のようですが、わざわざ通訳を雇わないでも一般的な挨拶を中心にしたスピーチでしたから、子会社の社長さんたちやら、本社の部長さんたちやらで充分できそうに思えました。内容がやさしくてもプロを雇えば、前後の出張経費なども入り、ばかにはならない金額になるはずですから、貧乏根性が昂じてつい好奇心が頭をもたげました。

「私なんかいらなかったのでは？」と尋ねてみたのです。

「いやいや、トンでもない。実は……」とここに至った背景の種明かしをしていただきました。

好々爺《こうこうや》のようだったスピーカーは中学しか出ていない伝説の創業者でした。若い頃に渡米、現金も三〇〇ドルまでしか持ち込めない時代でした。黄色人種に対する差別もひどく、敗戦国とはいえ、元敵国日本への嫌悪感が、どこへ行っても充満していた時代です。この人は、限りある資金を元に、何カ月も商売の種を捜して歩いたそうです。ヒッチハイクで全米を回り、商売上手の才覚のもとを養いました。

そこで覚えた乱暴な英語を持ち帰り、敗戦後経済復興にもがき苦しんでいた日本で、唯一金回りの良かった米軍と交渉。廃棄物資や廃材を手に入れ、それらを一工夫、ひとひねりのアイデアを加えたりして、今の一連の技術にたどり着きそれを特許登録したそうです。

その数十年後、会社は大きく成長しました。

日米の子会社の社長たちのポジションには、ハーバード大学やスタンフォード大学からMBA取得でパリッとしたスーツを着こなす人たちが雇われました。エンジニアも今では、バークレー大学やMITの卒業生です。創立時には彼の英会話能力が運命を変えるツールとなって大活躍したのですが、それは長距離トラックの運ちゃんたちから習ったストリート風の英語ですから、今の会長としての格には似合わないので、公には使わないと決めているそうです。トップとしては適切な判断なのでしょう。

けれども、彼がアメリカの子会社や従業員たちに向けてスピーチをする、ということになると、新たな問題が出てきました。公の場では誰が彼の日本語を英語に訳すのかいつも大問題でした。

それぞれが中規模以上の従業員を率いる社長さんや、数百人の部下をもつＣＦＯや法務部長が、良かれと思いトライするのですが、自分の思うとおりのニュアンスが伝わらないと、人前も構わず、「わしはそんなこと言ってない。いい加減なこと言うな！」と一喝するのだそうです。

誰もなにも言い返さないのですが、「ハーバードなんか行きよって、英語は習わなかったのか！」「歩いて門入って出てきただけだろう、何年働いても仕事の話も満足にできないのか！」などと次々と爆弾が落ちるので、のちのち部下からジョークの対象にされてしまうのだそうです。どれだけ管理職の人が増えても、過去の仕事上の失敗や交渉不成立などの弱みや特に学歴については実に緻密に覚えていて、そんなときにはついでにとばかり再三持ち出されてどやされる。

それを知っていて、こんな大仰な舞台の上で照明を浴び、ビデオに撮られてまで笑いものにされるのは自分の評判、自社部門の評判にかかわるし、ぜひ避けたいわけです。いつものことで、そこでナニが起こるか見当がついてしまう分だけ、誰もが通訳するのを込みするばかりで、誰もやる人がいない。そこで今回はプロを雇うことになり、私が雇われたのだそうです。

そして、「やはり、そうしてよかった、あの方がこれほど機嫌良くしているのはみたことがない」と付け加えてくれました。

それから後もこの方の動向は少し気になっていて日本の新聞などをみる度に気を付けていましたが、引退されてすぐに英語も日本語もいらない世界へ一人で旅立たれたと知りました。今頃向こうではどういう商売のネタを探しているのでしょうか。

11　シモネタ話の通訳

冗談を通訳するのは難しいものです。ポイントだけをキーにして、多少言葉を並び替えればよいものもあります。設定や背景を多少変えることで、やっと笑ってもらえるものもあります。中には「オチ」そのものが笑いにならないものがあり、その場合は工夫の仕様がありません。

英語から日本語も大変ですが、その場合は比較的カラッとしたオチが多いように思います。それに、アメリカ人は性差別などへの意識が高いだけに人権侵害を細かくチェックする傾向もあります。日本語から英語にする場合、色濃く文化を背負っているシモネタは特に難しいものです。

ある日、日本人で、これを得意技にして苦笑を買い、本人は気どらない本音が受けていると思っている方の通訳をしました。

「僕はずいぶんたくさん通訳を使ってきたけど、今回ほど（聴衆に）受けたことはないなあ。アメリカ人には日本語のジョークは通じないと思ってたけどずいぶん笑ってくれたねえ。君はなかなかの名通訳者だ。」

終わってからスピーカーがとても喜んでくださったのでしたが、私が訳したと思ってくださった内容の実態をお知らせしました。

「今のは公で言えないようなジョークでした。私は訳せませんので、あとで警察の方かやくざさんに頼んでみます、ごめんなさい」

「このジョークは多分訳さないほうがおもしろいと思います」

「今のは夜のジョークなので、一〇時以降にお電話おかけなおしください」

などを勝手に連発しましたので、すみませんでした、と謝りました。

アメリカは言論の自由が憲法で保障されている国ですが、普段の実際の言動は案外倫理的に厳しいので、そのままを英語に訳していたら途中で発言を止められる可能性が高かったと思います。肝心の本題のお話だけは無事に終えてほしかったのです。

スピーカーに直接利害関係のある関係者であれば、とてもこのような形の通訳は許されません。自由業の気楽さですが、とっさの悪知恵でこういうことも言ってしまえます。誰もそれはだめだよ、と言ってあげられる人がいないようなお偉いさんの立場のスピーカーでした。

講演自体は技術関連の硬い話でしたから、聴衆もアメリカ人でありながら、能面のような顔をして聞いています。ステージの上から話しているほうも、おもしろいのかつまらないのか、想像がつきません。苦笑でも失笑でも買えれば、聞いてくれている手ごたえがあるのでなにかジョークを入れようと思う気持ちはわかります。ただ、彼が使ったジョークはほとんどシモネタか、差別ネタだったのが残念でした。

私の先ほどの説明（弁明？）を聞いて、「いやあ」と一瞬、彼は言葉を切りました。そのあと、

「笑ってもらうのが一番だからね、方法はなんでもいいんだ。そうか、それなら、それで良かった、良かった。これからは僕もアメリカ人に笑ってもらえるネタを仕入れないとね」

さすがに大物、その場で許してくれた上に、学習能力の高いところもみせていただきました。

12　悲惨な一人芝居

ある国際会議で、エージェントからは「同時通訳の設定はありませんよ、パートナーも用意していません」と派遣されたのですが「あ、通訳さん、こっち、こっち」と仕事先の会議場で声をかけられ、そちらへ移動しました。

「ここです、ブース、入ってくださーい」

いただいていた仕事内容は、「このセッションで、私がノートをとり、のちほど日本人参加者の方々に集まってもらい、ブリーフィングをする」というものでしたが、突然の一人同通の指示。事前になにを言われていたとしても、会議は目の前で始まります。現場ではとにかく柔軟な対応をするしかありません。ブースに入りました。

一人でするのは楽ではないのですが、「このビジュアルのところは訳しません。お休みをいただきます」などと皆様に了解をお願いして、時どきマイクをオフにして続けました。ビデオ映像の流れている数分間にやっと脳を休ませたりしながら、進めました。

最初の数十分は無我夢中のうちにすぎてしまいましたが、そのうち、窓からみえる聴衆の方たちの反応が変だな、という気がしてきました。なんの反応もみえず。少し不安になりました。

通常は、聴衆の反応とは正直なもので、声が小さくなったり、早口になったりすると、しきりにヘッドフォンを触ったり、手元のダイアルをいじったりします。

ブースは大抵聴衆の後ろに置かれるので背中からみていることが多いのですが、おもしろければ、息をつめてステージを眺めている雰囲気がみえます。おもしろくなければ、首の運動をしたり肩が動いたりする人が目立つし、なんとなく姿勢がだれてきます。

そういう「反応」がみえないばかりか、ヘッドフォンをしてない人も結構いました。準備もしてきていないし、パートナーともいないし、あまりしっかりできてないのかな、そうであれば、このような仕打ちを受けても仕方がないかも、など一方でぼんやり考えながら、それでも熱心に続けたのですが、なんとも情けない気持ちでした。

終わり近くになって、オーディオエンジニアが突然すっ飛んできました。ドアをバーンと開けて中をのぞきこみ、目をむいて私をにらみました。

「なんだ、やってたんですか‼　あの、ですね、違うやつがねっ、（日本語チャネルで、今になって）音が聞こえるよ、っていうんで……（みにきてみたんです）。（ブース対応になったことを知らず）流してなかったんです。すみません！」

あ、そ、そうでしたか。誰にも聞こえてなかったんですね。どうりで……。

悲しい結末でした。ノートをとることもできませんでした。そのあとブリーフィングはしたのかしないのか、今となってはまったく覚えていません。

13 聴衆がいない同時通訳

聴衆がいて、同時通訳をがんばってしていたのに、私と彼らをつなぐラインが切れていたという悲惨な失敗談の次は、聴衆がいないのにさせられたという悲惨な会議通訳のお話です。

これも、例外的な事例で、最初からあまり普通ではない依頼でした。

英語から日本語への同時通訳で日英はいらない、英日一方向だけでよいという依頼ですが、会場にはパートナーがいないのです。尋ねると今日は一人でしてほしいという指示です。会場は不思議な雰囲気です。会場内のどこに目を凝らしてみても見渡せる限りのスペースには、どうやら日本人らしき参加者がいないのです。しかも、日本語ブースのみ。他の言語ブースがありません。レシーバーを使っているのは白人・ビジネススーツアメリカ人の「通訳雇いました担当」、プラス「仕事してるかどうか音だけモニターします担当」らしき二名のみです。

最初は、無駄なことしてるのかな、なんだかやる気になれないなあ、という気持ちになり、もうブースを出てしまおうかとも考えました。今日のお支払はいただかなくてもよいですから、と申し出れば帰らせてもらえるかな、と思ったりしました。いらないことをするのにお金をかける無駄は、誰が払うかに関係なく気が進まないことです（庶民感覚と言えば聞こえは良いですが、要するに貧乏人根性が染みついています）。

オーディオテックはいつものように口数少なく穏やかな理系の白人、日本語はわかりません。音を確認しようと、いつものように瞬間ももらさずに、集中してしっかり聞いています。途中でやめてしまうと、すぐにブースに飛び込んでくるし、彼らの心臓にも影響しますし、少なくとも彼らの神経にかなり悪いことは確かです。

適当な休憩が入ったら、そのときに彼らに事情を説明するのがよいと決めて、休憩時間がくるまでは無駄と思われる努力を続けていました。

休憩時間になり、まずはオーディオテックに話してみると、彼も笑って、すぐディレクターを探しにいってくれました。担当者の問題は、英語でいうところのエッグヘッド（石頭）だったのです。

彼は「どうしてアジア系の数人が日本人じゃないってわかるんだ」というので、私なりの合理的な真相、理由を伝えました。

①韓国の歌のときに彼らが一緒に歌っていた。
②ヘッドフォンもイヤフォンもを使わず常にはずしている。
③「韓国語から日本語へ」も「韓国語から英語へ」も通訳は入っていない、
④日本人なら誰かしらが、（通訳の位置を確かめようと好奇心で）きょろきょろしたり、ヘッド

フォンの調整をしたりするが彼らのうちでそうしている人はいない。
⑤決定的なのはハングルと英語を並べた名札を付けている。
これらのことから彼らは韓国人である可能性が大であり、日本人ではないと思える、と伝えましたが、それでも、「一人ぐらい日本語がわかる人がいるかもしれない」と言いざま、彼はあわててそのままどこかへ消えてしまったのです。

その後、支払いは受けることができたのですが、当日のその日一日の仕事はあのトウフ頭さんのおかげで、むなしかったです。

後日談ですが、噂によると「韓国人も日本語を理解する」とのデマをこの担当者が信じており、それが理由で私が雇われたのだそうです。

それより不思議なのは、もしも、韓国の参加者の方々に今日は通訳が入りますよ、とお伝えしていたのであれば、よくすべての方たちがおとなしくしていたな、ということです。

私がなにも言われなかったのですが、驚きでした。韓国語の通訳さんたちとご一緒するときによくみかけるのですが、聴衆の中には期待通りの仕事ができていないとしっかり主体性を発揮する方が多く、ブースに喧嘩腰に苦情を言いにくる人たちもよくみますし、数日続く会議だとまず一番初めにクビを挿げ替えられるのは韓国語ブースの方たちです。

もっとも、韓国の方が、日本語が聞こえてくるレシーバーをもらって、あ、これ、韓国語じゃない、外国語じゃいらないと知り、ブースが一つしかないのがみえれば、今回はこのアジア言語だけなのかとわかるでしょうから、ブースへ突進して、韓国語を話してくれ！　と文句を言うほど変わった神経の人も少ないからなのでしょうか。それともそこに参加された韓国人は多かれ少なかれ、みな英語がわかったので、元から必要なかったのかもしれません。

14　リングイストは総合力　コンピューターとエイズとビジネスがわかる人

アメリカでのエイズは八〇年代初期からはやり始めました。八〇年代いっぱいは不治の病、診断があれば確実に数年で亡くなる病気でした。まだまだ忌むべき未踏の疾患エイズなので、医療系リングイストも通訳や翻訳の依頼を断っていました。それに、エイズ分野の通訳翻訳は非営利からの依頼が多く、お金になる市場ではありませんでした。

私はサンフランシスコに住んでいて、ひょっとした事情から、ホスピスや障害者サービスでリングイストとして、エイズ関連のボランティアをしていました。特殊で、小さな世界ですから、九〇年代に入ってすぐの頃も、なにかしらエイズ関連の案件があれば、すぐに私の名前があがり連絡をいただいたものです。

「お願いします。コンピューター分野とエイズ医療とビジネス管理などを専門的に通訳できる方で物理や化学や薬学の基礎がわかる人、他にいないんです」

ある日、日本からそういう依頼がありました。

私が身に付けている通訳の技術はついぞなにか特別なものと考えたことがありませんでした。基本的には誰でもできることを、私は長く経験してきたので、一般の方よりはまあいくらかよくできるかも、という程度に考えていました。他にいない、と聞いて驚いたのは私です。程度の違いはあるとしても誰でもができることと思っていたのですから。

けれども、ではその三つ全ての分野で働いたことがある人となると、なるほどあまりいないのかもしれないと思い付きました。それまでには、エイズ関連でボランティア通訳をずいぶん経験していましたので、いつのまにか少しは医療などについてもわかるようになっていました。シリコンバレーを控えたサンフランシスコで、生活の糧として通訳をしていたので、コンピューターといってもソフトやハードや情報技術を、そして、ビジネスサイドは大学での習得（カナダのブリティッシュコロンビア大学ビジネス専攻中退）や、日米でビジネス管理実務経験も多少あります。

このときの案件は、世紀の奇跡を生み出した薬剤に関するプロジェクトで、東海岸への出張でした。製薬会社がハーバードやＭＩＴの研究者たちと生化学の理論をもとに抗ウィルス剤を人工的に作り上げるという夢が目の前に繰り広げられていました。

このときからわずか数年後、この治療薬によって、エイズは不治の病からＨＩＶ慢性感染症となる奇跡が起こりましたが、この仕事はその種類の薬への先行投資案件でした。現代の錬金術師が最新の科学と世界最高峰のブレーンたちを使い、老いも若きも壮大な夢を追いかけていました。

この数日間の仕事では、契約法、臨床薬学、化学、臨床医学、統計学、放射線物理学、投資交渉、など多岐にわたるディスカッションが展開されました。私にとっては、コミュニティカレッジや総合大学や大学院で手当たり次第に、広範囲のクラスで取りこんでいた雑駁《ざっぱく》な知識や、ボランティアの仕事で得た耳学問を総動員した刺激的な仕事で、通訳業務を通じて自分のもっているもののすべてが活用されたという手ごたえがありました。私だからこそ、充分に役に立つことができた、と初めて大きな喜びを実感した仕事でした。

15 アメリカ人らしい負け方

アメリカ人の話し上手の人たちはそのスピーチに日本語に訳しようがないような語呂合わせや、歴史的なネタに色を付けたジョーク、さらには差別には至らないものの、文化的に日本語にすると、きわどいものを含んだりします。「母親にしか愛されないだろう顔」「道路下水道を掘る職しかなかった」などがその類いです。

アメリカ人の日本人聴衆相手のプレゼンで逐次通訳をしたときのことです。その手のジョークはアメリカ人にはまあまあおもしろいのですが、長すぎる上に、日本人相手に笑いを取るためには説明しなければならないので、余計に長くなります。本題を離れた話題でもあるので、「今のはジョークです。訳してもおもしろくないかもしれません。はしょって言いますが、とにかく笑ってあげてください」とつなぎました。

それだけで苦笑いする人、硬い話題の中で思いがけない案内なので噴き出す人、とにかく座はなごみました。スピーカーは大いに気を良くしていました。

スピーチが終わり、スピーカーがにこやかにお礼を言ってくださいました。

「ああいう種類のジョークは、日本人にはだめかと思ったんだけど、思い切って使ってみてよかった。結構好評だったよね、他だと通じなかったんだけど、君は特別上手に違いない」

えっと。せっかくお褒めに預かりましたが……、「幻想を破ってしまいすみません。実は、あのジョークはあのままではまったく日本人には通じないんです。変則で、ジョークです、笑ってください、と言ったんですよ」と伝えると、おー、それは、と一瞬。絶句。

そのあとに、「やあ、そうだったのか。やっぱりだめなんだね、教えてくれてありがとう」という言葉が返ってきました。こういうことで気を悪くした様子など表わさずに、次のスピーチに備えるという負け方がいかにもアメリカ人らしいです。

16　日本語から日本語へ

十代の終わりぐらいに東京目黒の通訳養成所へ通っていた頃の日本での話です。

来日して間もないのに、日本語会話が上手なアメリカ人青年がいました。彼は日本のとある地方都市に住む人に会いにいくことになっていました。彼の婚約者が私のクラスメートでしたが、彼はその日本人女性の父親に会いにいくのです。

当人同士は東京で知り合い、もう既に結婚の約束をしたものの、日本語で直接ご両親と話し、父親に「娘さんをいただきたい」とお願いすることにしたのです。

私はこの婚約者を紹介するための里帰りに同行するように頼まれました。全国各地旅行をしたことのある私も初めて足を踏み入れたような遠いところでした。

お父さんは公務にかかわるとても堅い仕事を長くしてきた方で、思ったより高齢で、口数が少なく余計なことは一切言わないという昔風な人です。あぐらを組み、腕を組んで目を合わせません。突然現れたブロンド外国人青年を前にして、あんな薄いグレーの目じゃあ、いったいなにがみえるんだ、と困惑しています。

父親の威厳も示さなければという思いもあったのでしょう、お父さんの話し方は端的で威圧的でした。加えて、とても強いお国なまりもありました。方言を使うことがまだまだ普通だった頃です。地方で変に東京言葉など話せば「気取ってるやつ」としてビジネスにも差し支えるという時代でした。

私の友人は東京の水に慣れてしまっていますから、如才ない態度をとれない父を恥ずかしがったり怒ったりしていました。そのやりとりも含めて、この青年には会話の内容やニュアンスがまったく通じていません。彼は標準語しか勉強してこなかったのです。英語にしてほしいと催促されても友人は、通訳などイヤだとそっぽを向いてしまっています。親子だけあって頑固なところは娘に似たのかもしれません。

困ったのは青年で、私に日本語から英語への通訳を頼むのです。気持ちはわかりますが、私は部外者です。この依頼は微妙です。鵜呑みにしてそれをそのまま英語にしてしまうと、ご両親は「言葉も通じない人に娘をやる」という悲しさを実感するのでは、と思いました。

私自身が、十代で英会話ができたというだけで、「おまえはねえ、言葉がわからない人のお嫁さんになっちゃうような気がするのよ。お母さんが話せないような人とねえ、結婚するんだろうねえ、末は……」などと言いながらさみしそうにどこかをみていた母を思い出したからです。

そこで、とっさに私は、日本語から日本語に訳すことにしました。

青年は標準語に替えてあげればわかるわけですし、青年の日本語を解するのにはご両親はなんの不便も感じていないのです。

これは好評でした。ご両親とも私が失敗したり途方にくれる方言の表現があると、その度に笑いくずれてちゃんと標準語の言い方を教えてくれました。青年の日本語も大活躍の場を得て、すっかり座もなごみました。のちのち、二人は結婚し、子ももうけました。

リングイストの醍醐味はこういうところにもあるんですね、きっと。

第4章
リングイストの業務内容

典型的な通訳ブースで仕事を終えた著者

1　リングイストの多様な業務

ここまでの章で、リングイストの多様な業務内容、仕事の依頼のされ方・雇われ方、その裏話など、いろいろな事例紹介をしてきましたが、改めて、この章でリングイストの仕事内容をまとめてみます。

多言語の飛び交う世界で（実務上の）リングイストとは、ナレーションやテロップ作成、映像の字幕スーパーを入れる翻訳などを含み、通訳業務や翻訳業務をプロとして（お金をもらって）こなす人たち、またはこなせる技術をもつ人たちを言います。通訳・翻訳作業を実行する能力があるけれども、その他に本業をもっていて両言語を自由自在に使う人たちは、リングイストとは言わず、自分で選ぶアイデンティティが使われます。例えば、翻訳家としても有名で作家としても名を馳せる方もいますが、その方たちは多分ご自分をリングイストとは言わず作家と名乗っているのではと思います。

他にも一流の通訳翻訳の技術をお持ちの商社マン、教師、貿易事務、建築家などにお会いしたことがあります。

私も以前には自分をノンフィクション作家と思いたくて生きていましたが、なにも執筆しなかった期間はリングイストとして仕事をしてきました。今のアイデンティティはリングイストです。

会議通訳業務は通常は仲介エージェンシーさんから仕事の依頼をいただくので、会議主催者などから直接のコメントをいただくことはほとんどありません。第1章の「なぜ言葉を道具に仕事をするのか」で紹介した国際会議の場合は少し特殊で、実務リングイストのさまざまな職分をすべて総合的に引き受け、ネイティブチェックや外交的マナーチェックも含めて、英語になる言葉に関するいっさいのコーディネーターをしました。

具体的に言いますと、会場の看板や注意書きの内容、ステージで使う掲示物の言葉遣い、出席者、招待者同士のやり取りの翻訳、外交的文書のダブルチェック、出版物の文章チェック、当日資料等のアップデートや未訳分の翻訳、半年間にわたった準備関連の事前ミーティングや視察、さらに本番前日、前々日及び翌日の関連イベントや案内では逐次通訳。各種ベンダー（売り手）を探し交渉や契約、及び関連の事務連絡や緊急連絡など。本会議開催スペースの準備関連のミーティングやアレンジ、そのための交渉等。

これらのすべてで、日英両言語のニュアンスを正確に判断し、音声交渉や書き言葉での調整、出版可能なレベルの書き言葉スキルなどを使う必要がありました。さらに本会議当日の女性進行コーディネーターを探して業務条件や契約交渉をしました。

ここからは、リングイストにとって主要な通訳・翻訳業務について、その内容と私にとっての仕事上のコツのようなものをお伝えします。

2　通訳業務

「ディア　リングイスト」で依頼が入る通訳業務依頼内容は主に次のような項目です。

一、組み合わせ言語の種類。

二、業界（保健・医療系、情報産業系、基礎科学系、社会科学系、教育研修講義等、司法行政の法律系、訴訟関連、製造業や技術産業等）。

三、同時通訳、逐次通訳、遠隔地通訳（電話会議もしくはビデオ会議）の別。

四、その他の条件として、日程、ロケーション（旅行時間や距離）や追加要件など。

求められるスキルとしてはもちろん語学力は前提ですが、私が考える要件は三つです。

●自分を差し置いて長時間他人を立てる言動行動を実施可能にする技術。

●相互理解促進を第一目的とするサービス精神。

●専門家契約内容を全うできる気力と体力。

以下、通訳業務の種類について、ウィキペディア（*https://ja.wikipedia.org/wiki/*通訳：二〇一七年二月一四日閲覧）から引用させてもらいます。

●会議通訳（conference interpreter）

同時通訳者。主に国際会議などで通訳を務める。エージェントの所属では実力や経験年数による格付けがある。高度な学術的内容を扱う会議での同時通訳は、すべての通訳の最も上位に位置する。

●商談通訳（business interpreting）

表敬訪問、商談など民間企業の通訳（以下略）。

●エスコート通訳（escort interpreting）

外国から来たアーティストやプロスポーツ選手に随行、記者会見やインタビュー、テレビ出演などの通訳、イベント通訳（通訳コンパニオン）等。（中略）会場案内やエスコートや専門性の低い交渉など（中略）。随行通訳とも。

●コミュニティー通訳（community interpreting）

地域社会に住む外国人のために、医療福祉、教育、司法など公共サービスでの通訳。（中略）従来ボランティアが多い。（中略）公共サービス通訳者（public service interpreter）と称されることがある。

●放送通訳（broadcast interpreting）

外国のテレビ報道などを訳出して視聴者に届ける通訳形態。（中略）ニュース通訳は放映後、通訳者が数回録画映像を目にして訳出する「時差同通（時差同時通訳）で通訳と翻訳の中間。

ごくまれに「生同通」がある。
●通訳案内業（multi-lingual tour guide）
観光地案内、（中略）正確には通訳とは一線を画する。（中略）国土交通省管轄の国家試験「通訳案内士」ライセンスが必要。

会議通訳が「最も上位」と表現されていますが、アメリカ的にみると、最も支払い条件が良い、また技術の習熟度や扱うコンテンツ内容の難易度に客観的な尺度を照らし合わせて社会的地位や評価が高いという意味かと思います。会議通訳を「通訳」と別物とする人も少なくないことがそれを反映しているのでしょう。

「他の通訳さんですよ（＝パートナーになる方ですよ）」とアメリカ人に紹介されて英語で挨拶、そのあと、「はい、あなたが通訳さんですか」などと日本語で繰り返したりしようものなら「カ、イ、ギ通訳です。コンファレンスインタープリターをしております」などとしっかり呼び方を直されてしまったりすることもあります。挨拶して会議通訳と明示してあるお名刺をいただいたのに同席の他の方たちに「通訳さんです」と紹介したりすると、なかには、「いえ、会議通訳以外にはしませんので、会議通訳者です」と高飛車なお返事をいただいたり、「一応、会議通訳者です、他のお仕事はしないというわけではないのですが」とやんわり直されたりしたことも再三です。

一方で私は、通訳者としても会議通訳技術についても、いったいにプライドがなさすぎるのですが、それを割り引いても、難易度、やりがい、社会貢献度、クライアントにとっての通訳の必要性などは、同通か逐次かの区別とはあまり相関関係がないと思っています。

ゆえに、「上位」という実感があまりありません。ただウィキペディアの説明をみて、これが一般的な解釈であるとすればそれまで謎だったこのような会議通訳者さんの態度や雰囲気にやっと納得がいきました。確かに使う技術や能力の差はあるので、マラソンランナーと短距離ランナーを比べるようなものです。同時通訳には瞬発力、逐次には継続力が必要です。集中の仕方も同時は単語を正確に拾い、文法を間違えないこと。瞬間から次の瞬間へ秒単位のショートメモリーを多く使い、アウトプットはスピードが勝負です。逐次は、内容を理解して前後の理論的な流れを把握することに集中します。数分間以上の大量の記憶力を必要とし、アウトプットは筋が通っていなければなりません。聞いてわかりやすい表現にする工夫が必要です。

随行通訳としては政治家（国会議員、県会議員、市長の方々）や官僚の方々の調査旅行や視察などを結構やりましたが、私は「同行通訳」と表現してきました。ちょうど良いタイミングでローカルの通訳がアレンジできない場合や、通訳者の質にばらつきがある場合同行通訳が必要となります。背景や話者の立場を知り、ある程度一貫した良い通訳が必要な場合のアレンジなのです。「随行」と「同行」通訳内容の正確さのみではなく、微妙にニュアンスが違うように思います。通訳者のサービスを受ける立場の政治家や、行政や企業のトップの方や依頼元のクライアントができるだけ快適に会議等の義務をこなせるよう積極的に助ける役目が「随行」で、タレントさんやアーティスト、セレブの方たちの「エスコート通訳」と似ているのかと思います。随行の経験は今のところありません。

「放送通訳」は、地元ラジオ局などで形ばかりはしたことがあります。

通訳案内業に関しては、ライセンスなどなく、十代でわけのわからないうちに国内観光の案内などをさせられたことがありますが、それ以降はありません。

こうしてみると、私の経験は前の分類からすればほぼ「会議通訳」「商談」「コミュニティ」の三種類に限られます。会議通訳でも逐次や同時の「学術講義」も随分経験しました。また、これらの分類に属さない非営利団体の研修やプロの職業訓練（社内トレーニングや教育系ワークショップ）もあります。

この分野も医療系、技術系、社会科学、人事管理など豊富な経験をさせてもらいました。ミーティングやイベントの場合には同通とは限らないし、同通があっても逐次がミックスになることも多く、質的にもスキル的にもワークショップとも、ちょっと違うのでしょう。営利、非営利両方あり、前述の「コミュニティ通訳」で、「会議通訳よりはるかに報酬が低く、従来ボランティアが多い」、「公共サービス通訳者」である、という説明にはアメリカでの場合は、必ずしもあてはまらないものが多いかもしれません。

仕事の分野と報酬にはあまり連動性がないようです。少なくても私の知っているリングイストたちは、どの分野で仕事をしても似たレートです。資格制度の必要性があるという声を時どき聞きますが資格と報酬もあまり相関関係がないようです。実力＝市場競争力というアメリカですから、資格＝報酬にはつながらないので、現実にはあまり意味がないかもしれません。

裁判所や病院での通訳などに州の資格（法廷通訳）や学校などで提供される非政府組織からの認証（医療通訳）を必要とすると決めている公的機関はありますが、それは優先されるという意味であり、なくても需要が供給を超えれば過去の実績に基づいて無資格の人がどんどん雇われます。有資格で最低の技術はもっていたはずという証明があっても、実力が足りない場合、人柄や体力に問題があれば二度目はありません。ただし、これらの当該分野で仕事を希望するのであれば、前提として資格取得者が無資格者よりもとっかかりとしての仕事を得やすい実態はあります。

報酬は別です。資格にこだわる公的機関のほうが民間よりペイは安い傾向があります。通訳者の質の問題より、通訳者を悪者にして、そういう人を選んだ担当者の無能ぶりが名指しで非難されることもあり、その責任のがれに、「いや、資格のある人を雇った」と、記録しておきたいわけです。法律事務所や医療関連施設は、それぞれですが資格に関係なく実力の有無で雇う傾向があります。また私立医療機関のほうが報酬も労働条件も良いのが実態です。

通訳者は分野や作業内容による個人差が大きいので資格そのものにはあまり意味がない場合が多いからです。過去のある時点に資格を取得し、その時点では標準の技術や知識を有していたとして、変化の激しい時代ですから数年で業界の常識までくつがえされ古い情報は役立ちませんし、スキルも維持していなければさびつきます。過去のある時期に資格を得たことは目の前の仕事の質の保証にはなり得ません。今日役に立つ知識や技術がなければ仕事のオファーはありません。

法廷通訳の有資格者として有名だったあるパートナーは同通での仕事の質が悪すぎて、文字通り「聞くに堪えない」と第一日目の午前中にクビになりました。病院で付けた医療通訳有資格者があまりにもひどくて意味がわからないからと、コミュニティ社会福祉サービスを通じて私がボランティアで雇われたこともあります。

アメリカでの他の専門職には質の確保のために定期的に、資格を更新するというシステムもみられますが、通訳業務では私の知る限りそれはないようです。少なくとも自営業、フリーランスについては、ひたすら、現在の実力とこれまでの実績が次の仕事に続いていくという世界です。日本の場合には「失敗したら次の仕事がない」では困る場合が多いのでしょう。「対価を得る仕事」で失敗とは何ごとか、誰が選んだのか、というような責任問題に発展してしまうので、たった一回であっても最初から失敗は許されないようです。

3　翻訳業務

翻訳は、契約書、学術論文、科学技術報告書、特許等で、専門的知識や訓練が必要なものもあ

ります し、一般向けの汎用文書類や総合力の問われる小説、記号や設計図、地図などの特殊なものあり、ローカリゼーション（ウェブサイトのオリジナル自然言語表現から対象言語で表現されるサイトに作り替えること）のようなネットやオンライン上のものもあります。もちろん、昔ながらの書籍、日記や映画、ビデオの翻訳もあり、ロゴデザインやコピーライトのように商標登録やアートとしても登録可能な作品につながるものもあります。

翻訳の醍醐味は自分の総合力、過去のすべての経験を活かすことができるので、習熟度が決め手になる仕事には熟練工の楽しみもあり、自分だからこれをここまでできる！という匠のプライドも持てます。その反面、締切に追われて中途半端な成果物を納品しなければならないときの「私は金の亡者か」という良心の疑念と情けなさにも辛いものがあります。流れ作業のような翻訳でさえ、おっ、あれっ、という瞬間があって、これはしっかり裏付け調査をするべきか、このまま流すべきか、悩みます。時間が……疲れたし……他の人もこうしているし、と妥協すると、あとで必ず苦しいしっぺ返しがあります。他の人には言われなくても自分が知ってしまう、という職人気質ならではの苦労というわけです。校正の作業に似ているかもしれません。物理的な締切がなければ、翻訳案件で納品したい完成品が仕上がることはありません。

クリエイティブで画期的なワークフロー手順は翻訳業界にも入ってきています。

知人のリングイストの経験ですが、日英と英日の翻訳作業の管理等、つまり見積り、発注、契約、Q＆A、支払いまで人をまったく介さずに全自動化されたプログラムで働くこともあり、それはそれで快適だそうです。

まず作業ベンダーとなる申し込みをオンラインですると、次にオンラインでテストを受けます。合格なら、コントラクター（請負人）として登録が可能になり、その後はメールで業務のオファーがきます。分野、締切、値段などに合意すると、案件が送付され、先方指定のソフトを使って翻訳し、オンラインで成果物を納品。後日、こちらが指定する銀行口座に合意の金額が振り込まれ、メールで送金済み通知が入ります。翻訳作業は得手でも人とのやりとりが面倒、というリングイストに好評だそうです。

どのような仕事でも人間関係はストレスの元になるので、「仕事」として対価がもらえるならいっそ無人が気持ちが良いというのもわからなくはありません。特に翻訳の場合はチームですする場合もありますが、大抵は孤高の闘いのようなところがあり、一人で真剣に向かう時間が多いだけに、人との交渉にも繊細になります。

根拠なく批判されたり、さんざん調べてやっと仕上げた表現や選んだ単語を修正されたり、「適当で良いのでとにかく早く上げてほしい」などと催促の指示がくると自己否定に向かいます。そこでお金なんかもらっても見合わない、「信念を曲げてまでする価値があるか」と疑問をもつこともあります。

それでももちろん翻訳の醍醐味はあります。工夫した内容を認めてもらえたり、ウェブ掲載などに採用され成果がみえたときや紙の出版物に満足していただけたときの喜びです。

4　議事録作成

議事録作成の依頼もあります。

英語で行われる国際会議での発表内容や議論内容を公表する必要がある場合に、出版目的の日本語論文や報告書を作成します。発表者、発言者は当該分野の専門家で、専門用語や専門家が使う用語や略語が飛び交います。

少し前までは、会議内容を録音し、会議資料などを添えてテープ起こしの業者に出したものでした。その後文書になったものをさらに翻訳にかけ、内容をきれいに整理して議事録に仕上げるのです。しかし、二十一世紀に入ってからはペースが速くなり、会議後数カ月過ぎてから日本語での議事録が配られるのでは、すでに遅くて役に立たない場合も少なくないのです。

そこで、議事録作成のためのリングイストが会議を傍聴してメモを取り、一昔前の秘書さんよろしく、名刺交換やネット検索で発表者の肩書や所属の確認をし、オフレコと釘を刺された場所やＮＤＡ（機密扱い）の部分に神経を使いながら日本語議事録を作成します。

議事録の詳細の度合いはクライアントが決めます。テープ起こしの伝統にこだわる方は、できるだけ一言一句と希望しますし、仕事の効率を第一に考える方は本題本論に関係のあるポイントのみ、とおっしゃいます。さらに、政治・外交的な動きや交渉過程を重要視する方々は、これこれの議論に関しては個別に詳しく、他の項目やテーマは資料やスライドの添付があるので数行の要約で良い、などと指示をされます。

どちらにしても、音声記録が許される場合と許されない場合とがあり、ノートを取るにも神経の使い方が違います。

5 ノートの取り方

ここでノートの取り方について説明します。

同時通訳に関しては内容がわかるノートではなく、恐ろしく簡単なメモを取りますが、いくつかポイントがあります。まず発音や訳語の選択に間違いやすい固有名詞や数字をさっと英語で書き留めます。また間違えては大変なことになる似た名前やコンセプトも念のために書きとめます。ほとんどの場合、ノートをとらずに聞いたことを訳して聞き取りやすく発音した音声をマイクに送ることに集中します。それでもいつも白紙の上にペンを持ちながら臨むのは心理的な安心感のためでしょうか。先日、「きょうそう（共創）」を私が訳して「競争」と誤英訳したときに、隣で聞いていたパートナーが、すぐにノートに大きく「共創」と漢字で書いて軽くペンでそこをトントンと叩き、私の注意を引き、教えてくれました。

逐次通訳の場合は、固有名詞や数字、数字に付く単位、話の流れや、論理、論旨も大切なので、それがわかるような記号も多用します。私のノートをのぞいて、速記？　などとおっしゃる方もいますが、ほとんどの場合英単語をロングハンドか略語で書いています。さらに「→」やら「◎」、米印などを多用します。どちらかといえばプレゼン用スライドをさらに簡単にして記号類を多用するイメージでしょうか。

私の場合はほぼ英語でノートを取りますが、これはアメリカでの長い学生時代に英語でばかりノートを取っていたことが根源です。若い頃は通訳のときの記憶力だけは良くて、固有名詞や数字など一度聞けば相手に伝えるまでは忘れないので、アメリカの大学へ入るまではノートやメモをいっさい取ったことがありませんでした。翻訳でも一度調べた単語は二回目以降なら辞書を使うことがなかったので、ノートも作りませんでした。三十代半ばにアメリカの大学に入学後初めて本格的に英語でノートを取るようになり、その後の私のリングイストのノートテイキングも英語で始まりました。

大事なこと、慎重にして勘違いしてはいけないことなどは、いきなり漢字を一字入れたりします。強調のためには、ひらがなで固有名詞や特殊用語の発音を書いたりします。逐次通訳では、ノートをみながらその場で聞いたことを異言語で反芻していくわけですが、日英、または英日で聞いたことを逐次説明していくにあたって、ほとんど英語で書いているのに、突然日本語が出てきたら、そこは注意信号です。もちろん、重要度を強調するにはその他にも英単語にマルをつけたり、下線を引いたりもします。

長い部分を訳す場合には、訳の終了したメモの部分には、「カット!」よろしく全体に大きく斜めの線を引きます。これはこの部分は終わったという印ですが、やっと終わった、と自分をすっきりさせるリチュアル(儀式)みたいなものかもしれません。というのは、終わった部分はみればわかりますし、ノートだったら次のページをめくってしまえば前のページに書いたことは目には入らないので、線を引く必要はあまりありません。

たまにリアルに役に立つこともあります。英日、日英に限らず、聞いている人たちが飽きてしまうのか待ちきれないのか、訳が終わらないうちに次の話を始めてしまう人がいます。通訳の仕事には、場を仕切ることも入りますが、こういう会話や議論や交渉ごとの最中は、時と次第によっては、黙って次の方の発言のノートを取ります。そして訳を終えなかったものは、重要度や緊急度によって次のチャンスに無理やりねじ込むこともありますし、最後まで待って、会議やミーティングが終わったあとにすばやく、これこれの部分の訳が終わっていませんでした、と必要な方に告げることもあります。そのときに、線が引かれていない部分、またはマルで囲まれて

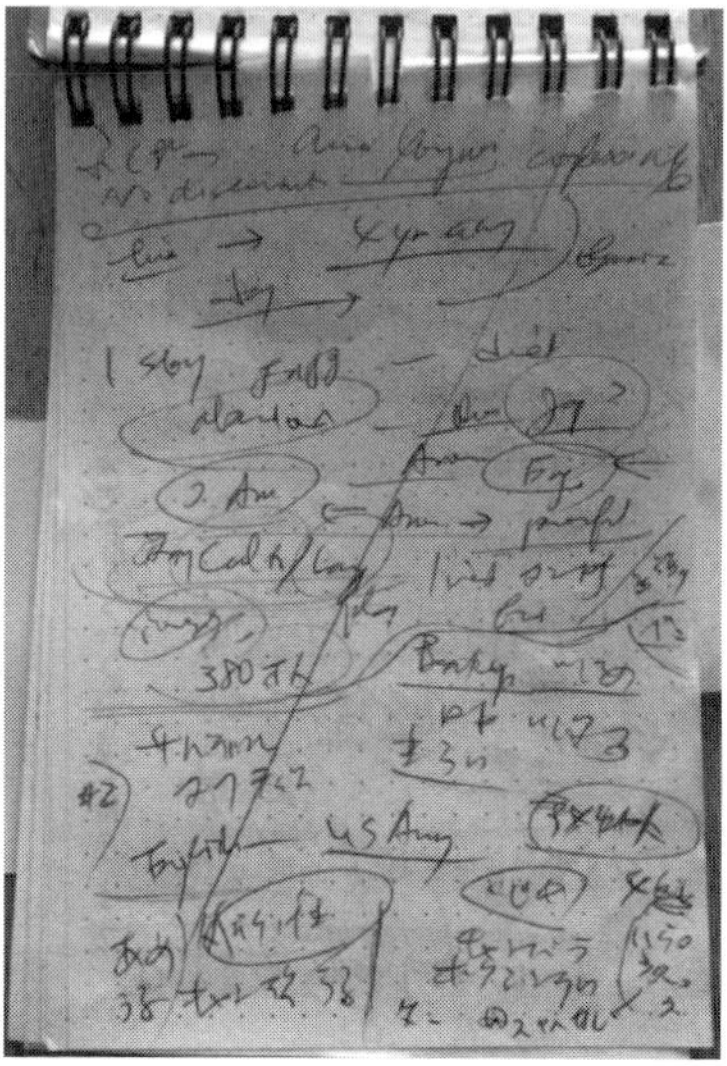

会議中のノート。英語と日本語が入り交じっています。

訳されなかった部分のノートが活躍します。

色も使います。大抵は、ペンは黒か青を使いますが、サマリーだけや、ポイントだけの通訳でと指示がある場合のノートの取り方は、色を変えるだけでも誰がどういう発言をしたのかをまとめやすいのです。そういうときには、大抵赤ペンを多用するか、または、緑などインクの色が違うペンを使ったり蛍光ペンや薄い色のマーカーなどで、誰の発言のどのポイントが大事なのか、を明確にしておきます。

幅の広めのノートを使い、真ん中に線を引き、右と左に分けてノートをとっていく場合もあります。早口でしかも間に割って入るすきがないほど議論が伯仲激昂したりする場合に、科学技術関連だと、代名詞や略語が多く、どちらの側がなにを主張しているのか、なにに反対しているのかわかりにくくなるからです。詳細検討の上での交渉ごとや技術協力リサーチ関連の会話が典型でしょうか。

また、日本語を話すアメリカ人、英語を話す日本人などが何人も同席する場合も、日本語と英語が入り混じってどちらがどちら側の主張だったのか、時間軸だけでとっているとノートをみてもわかりにくくなります。質問をしていたはずの側が突然、状況や特定の技術の説明を始めることもあります。しかも通訳を入れる時間を与えずに丁丁発止と話が続いたりすると、メモを見直しても、これはどちらが言ったことやら、となりますので、最低、右のコラムの方か左のコラムの方か、に分けると訳するときに、とまどいにくくなります。

似たような場合ですが、早口で、とにかく通訳を待たずに次々に発言を重ねていくというタイプの方が一人でも混じっている場合は、ノートの真ん中の線の左側には全体の方たちの発言をメモ、右側はその方だけの発言のノート、というような工夫もします。

同じような例ですが、立場や専門性や当該プロジェクトへの影響力などの理由で、ある人の発言の重さが際立っているのが明らかになってくるような会議もあります。それがわかった時点で、すぐ真ん中に線を引き、そこから先はやはりその人だけのコラムを作り、その人の発言のメモはその他大勢と別にします。

バークレー大学の学生時代に講義内容の「ブラックノート」を作るアルバイトをしました。欠席した学生やノートをうまく取れなかった学生、宿題や次の講義への予習の指示内容を逃したくない学生たち、中間テストの準備のために授業内容を確認したい学生などが購買部のようなところで、そのコピーを購入してくれるのですが、今思うと、九〇分の講義内容を議事録作成と同じ要領で英語で作っていたわけです。もとはといえば、痛風だか関節炎だかでノートをうまく取れないクラスメートのために私が、好意で自分のノートを清書して渡していたのですが、それが障害学生支援部に知られて、アルバイト扱いでお金をもらえるようになりました。結果は予期せぬ数年間のＯＪＴ訓練でした。それが昂じて、本来優秀な大学院生が頼まれるアルバイトなのですが、院生ではないにもかかわらず、また成績もトップだったおかげでブラックノート作成のアルバイトもさせてもらいました。

6　通訳業務の必備品・服装

通訳ブースに持ち込む定番品をご紹介します。

第3章冒頭でお伝えした五月のダラスでの四日間の国際会議において、ブース生活で使いそうなものとして私が用意した文具は、色の違うペンを何本か、白紙ノート、スティッカーノート、蛍光ペン、音の出ないタイマー、電子辞書、など。必需品は水、のどあめ、チョコレートです。まず使うことはないのですが、お守りのように持ち込むのが、鼻水アレルギーの薬、咳止めシロップ、バンドエイド、ラップトップ、アイパッド、頭痛薬など。

他には、これもほとんど使うことはないのですが、いるとなればないと困るので、念のために持ち込むのがハンカチとティシュペーパー。それに、結構重いのが、パソコンがアウトの非常事態に備えてスケジュールや指示書なども含めて、とにかくすべての関係文書資料を紙印刷したもの。

通訳者の服装は一般的にビジネススーツなど、どこへ出しても誰に会っても恥ずかしくなく、その場でも浮かないように、また写真を撮られたりしたら目立たないように、とエージェントから指示があります。日本でいうリクルートスーツに似ているのかもしれません。黒やグレー、紺色やおとなしい茶系の一色で、仕立てのよいシンプルなものが基本です。ブラウスは白が多く肌をあまりみせないもの。靴もまあビジネスカジュアルまでということでハイヒールはなし。

私の場合色やシンプルはとにかく、なぜか気候やそこのサブカルチャーに合わないという点で、いつも失敗ばかりです。オンチというのか、季節や気温を調べてから選ぶのにもかかわらず、どうにも調子っぱずれで、これでどんぴしゃ、ということがまずないのです。

サンフランシスコは朝夕冷える気候ですし、アメリカはどこの会議場内も、また暖かい土地ほどまるで親の仇のようにがんがん冷やします。私の対応策としては、ついつい秋物ばかり持って歩きます。

ふと、気が付くとダラスの五月はサンフランシスコの真夏より暑い日々です。それなのに、その朝、既に暑熱の勢いを予想させる光を浴びながら歩く私はいかにも秋です。

気恥ずかしかったのですが、日本語チームにお会いしてびっくり。誰かが「今日は日本語チーム、制服？ と思われるわねえ」と冗談を飛ばしました。四人とも明るいグレーのかっちりしたスーツジャケットに下が黒、でした。

調査旅行の同行通訳で訪れた厳寒の米国中西部。ダウンコートも必需品。

7 通訳の守秘義務とは

通訳にしろ翻訳にしろ、仕事オファーはエージェントを通してくるのが通常です。そのため、仕事の契約条件はエージェントが調えますが、その中には必ず守秘義務が入っています。あるいは自分で作成したクライアントの秘密保持誓約書を使う場合もあります。それを使う羽目になった怖い事例をご紹介します。

世紀の大規模プロジェクトにかかわらせていただいたことがあります。事前情報では「企業同士のビジネス交渉ごとの会議を逐次通訳していただきます」とのことでした。

ある一流ホテルの会議室に案内されると、アメリカ人弁護士が一人だけです。水を頼んでおいたらしくボーイさんが水をトレイに入れて入室しました。

「あ、そこへ」と弁護士さんが言い、続けて、まったく同じトーン、同じ機械的な言葉で、私に「始まる前に、これ、サインしておいてください」と言うのです。

みるからに分厚い書類は、秘密保持契約書でした。日米企業の大事な最終交渉だからでしょうか、通訳にも署名を求めています。

そこには、「通訳内容に間違いがあり、それによって日米双方いずれかに、損失が出た場合には通訳が補償する。通訳内容に秘密漏洩の疑いがあった場合、事実の如何にかかわらず裁判をする。その際は訴訟の結果に関係なく、双方の弁護士費用や法的費用はすべて通訳の私が払う」とありました。これでは、割があわないです。

人間だから間違いもあります。だからといって、スパイではあるまいし、通訳が秘密の情報を売ることもないし、たとえ家族にでもその内容を話したりするでしょうか。

第一、疑い、というだけで訴えられてしまうのであれば、なんの言い訳もできないわけで、誰にもなにも言っていません、というのを証明するのなんて至難の業です。その上、この大企業同士の雇う超一流の法律事務所の請求書なんてひっくり返ったって、借金したって払いきれないに違いありません。

「このような恐ろしい書類では申し訳ありませんがサインはいたしかねます。簡単なものに差し替えてください。いつも使っているものがあるので、それをファックスで自宅からとりよせることもできます」

通訳としてよく使っている一頁だけの秘密保持の約束をする書類に代えてほしい、と頼んでも他の弁護士たちが承知しないからというので拒否されました。かといって、このままサインしてしまったら今日の仕事だけで収まらずに、この先十年後悔するかもしれません。

「日程がなかなか取れなくて大変な企業トップの人たちを待たせている。会議内容も詰まっている。時間がなくなるのでサインしてほしい。」

「このままではサインできません。この条項とこの条項と、このページをはずしてください」

「それはできない。双方の法律事務所と企業法務部が時間をかけて承認したものであり、一言一句も変えるわけにはいかない。今日の会議のためにどれだけ準備したと思っているのだ」

「では通訳派遣エージェントに連絡して、他の通訳の方をすぐに派遣してもらってください。他のエージェントさんでもよいですし。この契約書を先にみせていただければこちらにも考える時間もありましたし、それでもこのままでしたら、たぶん、お仕事はお断りしたと思います。」

「〇〇と〇〇と〇〇という条件の通訳を探すのも大変だったのに、今日今から来られる地元の人などいないのはわかっている。それを知っていてそういう態度ならこちらにも考えがある」

「まだ仕事が始まってもいないのに、私を訴えたりすることを示唆しているのでしたら、私としては余計怖くてお手伝いはできません。帰らせていただきます。仕事の契約不履行で訴えられるほうがまだましかもしれません」

しばらく押し問答をしたあとに、彼は双方の弁護士さんたちを集めて議論をしたらしいのですが、他の通訳さんをアレンジしようとしていたのかもしれません。三日間続くはずの会議でしたから東海岸や東京から飛んでもらおうと思えばそれも可能だったはずです。

私も、いつ「帰ってよい」と言われるのかと覚悟をしてじっと椅子に座っていました。

二時間後、思いがけなく、私の自宅からファックスしてもらった簡便な誓約書に署名をすることで両方が納得し、会議が始まりました。

本題の交渉は難航しました。双方十人近くもいましたが、すべての人が異常に緊張しているのです。これを三日も続けるなんて、人間わざではありません。このままでは誰かが卒中や心臓麻痺をおこすこと請け合いです。

長い一時間半ほどが過ぎ、ランチ休憩が入りました。双方は、ランチは同席したくないといい、一同の会食を予定していたホテル側は大慌てで設定をし直し、日米のグループがそれぞれ別室に分かれました。双方に、バイリンガルのスタッフがいたのですが、細かいニュアンスには困っていて、内輪同士の話にも通訳を挟む状況でしたから、私はランチどころではなく、二つの部屋を行き来していました。

硬直状態は続いていたのですが、おかげで、だんだん事情もみえてきました。

三十年近く前のことなので時効ということで、少し言ってしまいますと、日本の社長さんは前のプロジェクトではアメリカ側だけに得な契約を強いられてしまった経験をもっていたのです。そこで、この新規のプロジェクトには異常に疑心暗鬼になっていたのです。

米国側としては、前回、赤子の手をひねるほど簡単に話がまとまったのに、今回はまるで別人のような日本の態度をみて、同じ会社なのか、信用できるのか、自信がなくなってしまったのです。前回は間にブローカーかコンサルが入って、双方に良い顔を維持させたわけで、とてもスムーズに終わりました。今回はより大きなプロジェクトであったのにもかかわらず、気心知れている同士で、直接交渉したほうが早いのでは、ということになり、直接契約をまとめようとしていたわけです。

ところが、アメリカ側は、弁護士などの助言に基づいて、以前の契約以上に辛い条件をごり押しにしました。少なくとも、それが日本側の印象でした。「今度はだまされない」と決心した日本側の社長さんが、終始無言で先方の出方を睨みながら、日本側の弁護士さんにいっさいを任せて交渉させていたのです。

通常、交渉ごとの場合はビジネスの当事者同士が腹の探り合いをし、双方が落としどころを探して望んだよりちょっと損な……というところで落ち着くわけです。ところが、双方意固地になっているだけでは、喧嘩両成敗になり、喧嘩両損で終わります。勝ち負けや不正を争う法廷闘争の形式で、泥沼状態のまま硬直しているのです。

でも、元の出発点は、双方に有利なプロジェクトであり、両者ともこれまでまっとうなビジネスをしてきました。欲の皮をつっぱらせて無理を通そうとするだけのビジネスをしようとは思っていないはずです。そこで、私は通訳の分を超えて、なんとかして、社長さん二人だけがしっかり話せば筋が通るのではないかと考えました。

両方のランチルームからそっと、それぞれの社長さん二人を連れ出しました。まさか、その日だけの雇われ通訳がそんなことをするとは思わないので、弁護士たちもガードなしで、出してくれました。

二人だけで椅子に向かい、私が通訳して、お互いの気持ちを話してもらいました。

アメリカ側の社長さんのほうが、飲み込みが早く、手短に前回はなにが起こったのかを説明し、間に入ったブローカーは大儲けをしたけれど、アメリカ側の会社にとってはそれほど良い条件ではなかった。そこで、アメリカ側の弁護士は今回は最初から異常に防御線を張っているのだ、というような説明があり、日本側の大きな誤解が解けました。

アメリカの社長さんはまた、これまでの法務などの、機械的で威圧的な対応が日本の社長さんに、疑いの気持ちを持たせたことに直接つながったことを知って、それについても、素直にその場でお詫びし、担当者の姿勢の改善を約束しました。

今回のプロジェクトは双方夢をもっていたからこそ進めてきたことで、両者にとって良いと思っているから始めたのだ、という原点に戻り、それをお互い口頭で再確認しました。契約の細かい諸条件については法務や弁護士同士の交渉に任せようという点でも、二人の社長さんの意見が合意しました。

二人は、偶然一緒にトイレから戻ってきたように、さりげなくお互いのランチルームにもどりました。そのあと、午後の部が始まったところで、双方の社長さんが契約の基本的合意の意志を宣言しました。双方の弁護士たちは唖然としています。そこで、二人が続けて、「後の細かい打ち合わせは部下に任せるので」と言い、二人ともにさっさと車をしたてて空港へ向かってしまいました。

三日間の予定だった会議はその日のうちに終了しました。

私のほうはといえば、三日間分の収入予定が一日分になりました。エージェントさんからは通訳さんが良くて短縮でき、お客様が双方とても喜んで大幅な節約につながった、というコメントをいただきました。通常なら二日目と三日目の予定にコミットしていたのにドタキャンでしたから、エージェントはキャンセル料を入れて多分三日分をもらっているはずです。それでなければ、私がエージェントからコミッションの分のキャンセル料を払えと訴えられたかもしれません。私自身はキャンセル料は考えてもいませんでしたが、思いついたとしても、この場合はとても要求できる立場ではありませんでした。

8　リングイストならではの実務と経験

＊通訳以外はなんでもします同通パートナー

私はプロです。ですが、プロとしてはいかんせん詰めが甘すぎます。緻密さが足りず、見切り発車、どろなわ、どんぶり勘定……がたたって詰めの甘さに磨きがかかり、時どきとんでもない目にあいます。

この日の案件は、日本の某私立大学の立派な講堂で開催されるセミナーで逐次通訳の依頼という理解でした。テーマは私がアメリカの大学や大学院で研究していた対象に近いうえに、セミナーは英語でされるのですから、特に準備もなくても理解できる、地のままでできるだろう、と知り合いから紹介されました。

さすがに日本ですから、たかが通訳とはいえ、ありがたいことに講師らと共に待合室を別に用意してくださっていました。受付からそこへ案内していただくと、私に仕事を依頼した教授が、どっかりとソファに座りこんでいます。が、どこかうわの空です。初めて自分が主催した国際会議なので落ち着かないのでしょうか。挨拶もそこそこに「おう、あ、座って、座って」と言うだけでした。彼はそのまま、お茶を入れているさっそうとした中年婦人の顔をみています。

このにこやかな女性は、某大学の英語教授であるとおもむろに紹介され、こちらも立ち上がって挨拶をしましたが、鈴を振るような声というのか、トーンが高くころころと響く声の持ち主で、一瞬にして毒気を抜かれてしまいました。

この女性がお茶をテーブルに置いたタイミングで、件《くだん》の教授は、「あ、この人、君の今日の同時通訳パートナー。じゃ、二人でよろしく」(え? 聞いてな〜い、と私は目が点)。

私には否応をいう暇も与えず、控え室をそそくさと出て行ってしまいました。

さて、会議が始まるまでにあと三〇分。この女性と二人で、部屋に残されて、どう打合せをしたらよいのか。よく考えたら今日のプログラムもいただいていない。

「私で同時通訳ができますかしら?」

女性は無邪気な声で尋ねるのですが、それはこちらが彼女に尋ねたいことです。

「英語を教えているということですが、(ご専門が違いますよね、というわけで)サブジェクトにはお詳しいんですか?」

「いえ」

そうあっさり答えられて、この仕事、成果はどうなっていくのかがいきなり不安になりました。

「はあ。……で、（同通は）どのぐらいのご経験が？」

「まったくないんです」

「は？」

「今日が、初めてなんです」（むむむ……）。

「先生が、思い切ってやってごらんなさいって」（はあ、……どういう先生？　スキーのジャンプじゃないんだから、思い切って飛んでごらんなさいって、どういうこと？）。

では、と善は急げ、ご一緒にブースに入り、機械やマイクの使い方を教え始めました。交代のタイミングやそのときの注意など話しているうちに、時間がたってしまい、肝心の中身についてはなんの準備をする間もなく、会議が始まってしまいました。

さあ、会場には数千人の生徒や一般人が詰めかけています。

「じゃ、私から始めますから」とスタートしたのですが、その途端に彼女は席を立ってしまいました。しばらくするとなぜか水を持ってきてくれました。

「お茶とかいります？」

「は？　いえ、大丈夫です」

「あ、それ、私やっぱりできません。他のことはなんでもしますから言ってください」

そう言い残して、それきり、姿を消してしまったのでした。

ことほどさように、詰めが甘いというのは、聴衆への迷惑につながりかねません。仕事をするプロとしての姿勢や意識に問題があるから、このような目に遭ってしまったという反省すべき経験でした。

＊予算がないから

毎年違う国で開催されるある国際会議がその年は北米のある都市で開催されました。既知の組織からも二十人ほどの日本人関係者が参加しました。その他の組織や企業の関係者をあわせると日本人は全部で八十人ほどでした。

この国際会議は英語が公用語です。けれども、フランス語、ドイツ語、スペイン語、の三言語については同時通訳ブースが設置されます。人数によっては、ロシア語、アラビア語も入ります し、開催国によってはイタリア語が入ったこともあります。けれども、アジア系やアフリカ系の言語はまずありません。

この会議は九〇年代半ばぐらいからお手伝いを始めました。どこの国で行われても、ほとんど日本語リングイストとして私一人がつきます。訳語のコンサルテーションやアドバイス、日本グループのためだけの小さなミーティングの場合は逐次通訳です。

大事なセッションは、大学院などの授業でアルバイトしていたときのように、私がノートを取り、終わってから決めた場所・時間に集まってもらい、ノートに基づいてブリーフィングをすることもあります。量的には会議が二時間ならブリーフィングも二時間かかるので、一日に数回のセッションしか対応できません。

会議は数日間続くので、そうこうしているうちにある特定の会場に「フランス語とスペイン語しか入らず、ブースが一つあまっている。パートナーを雇う予算はないけど、一人でするならそこを使ってよい」と会議の主催者が言ってくれました。ひっきりなしにノートをとっていたので、手首が痛くなっていましたし、しょっちゅうブリーフィングするのも、そうそう楽な作業ではありませんので会場で同通をさせていただくのはありがたいことです。

すると、うれしいことに、ほとんどの日本人がその会議場で行われるセッションばかりに顔を出してくれました。一人同通で疲れ果てた日々でしたが、通訳として必要とされているのが実感できたという意味では良いチャンスをいただきました。

＊集中は一五分

この原稿を見直している合間に、翌日からの通訳の準備勉強も並行していましたが（同時並行ではないですよ、さすがに）その資料として日本の外国人記者クラブで、ある有名な日本人スピーカーのビデオをユーチューブで視聴したのです。英語で「読み原稿のスピーチ」をされ、その後、質疑に応答するという内容です。

勉強の対象は日本人スピーカーのコンテンツの方だったのですが、質疑応答の部分では女性のベテラン通訳が入りましたのでついそちらに神経がいきました。年齢はわかりませんが六十代か七十代ぐらいにみえる方で声の張りと若々しさは三十代といっても通るかもしれません。

日本での日英通訳では英語に直すことが多いのですが、ここでもマイクに入るのは英訳だけでした。この方の英語もアメリカに住んでいる私よりよっぽどこなれた英語表現なので最初は安心してみていました。そのうちに、いつもこのような立派な英語に直してくれる方を使っている人が、明日は私ではがっかりされないだろうか、少しだけ申し訳ない気持ちになりました。

この方の英語は確かに素晴らしくて、発音やイントネーションがネイティブ並みであるだけではなく、耳にしたことはあっても、普段すぐには口に出てこない洗練された用語なども使い、間髪を容れずに英訳を始めます。よどみなく話し、よくある文法の間違いもなく気をもまずにすみました。たとえあったとしても私にはわからない程度でした。

なんとなく気になったのは、恐ろしく早口だったことです。しかもエネルギッシュ。はっきりときれいな発音を気にかけていますから、体力も気力もみなぎっていました。

質疑応答のトータルの時間は三〇分ほどでしたし、逐次ですから通訳を一人だけしか入れないのはごく普通のアレンジです。エネルギーの配分は大事です。例えば、大きな声を出せばそれだけ疲れますので、ブースで感度の良い音響機器が使えるかどうか、環境が静かで大きな声を出さなくてすむかどうかは、私たちにとっては成果にそのまま反映されるほどに大きな影響を与える要素です。

最初の一〇分は内容の正確さ、迅速さ、的確な表現などすばらしいという印象だけで過ぎましたが、一五分ほどたつと小さな間違いが起こりました。

「セキュリティではプライバシーと切り分ける必要がある」という日本語を英訳する際「プライバシーとは別の（セキュリティで）」になってしまいました。大勢に影響のあるようなことではないし、ニュアンスも多少は変わりましたが、それもスピーカーの背景やいわんとしていたこととは同じ方向性なので、実害はありません。まったく個人差や誤差のうちなのですが、この方はそれまでがあまりにも正確だったので、ちょっと驚いたのです。

続いて、突然英訳での説明が饒舌になりました。スピーカーは一文だけを言ったのですが英訳の長さが三倍です。三文になっています。繰り返しでダメ押し確認のような文が多く入り込むようになり、「認定」「認証」などの規制上の用語を「認められる」というような汎用語で説明する英訳になりました。私自身もこうなるときがあり、そうすると「あ、最適な用語に変えられなかった！」と評価する自分が同時にそこにいて、それを直感的に急いで言い直します。とは言え秒速より速い中でとっさに判断ができたからといって、適切な言葉が走ってきてくれるわけでもないので、言い直すつもりでも、改善はなく、同じような冗長表現と入れ換えただけになりがちです。

この女性の話し方も発音は正確なのですが、性急で激しい息づかいの音がマイクを通じて聞こえるようになりました。聞き続けている方は疲れます。ああ、自分も気を付けないと、と思いました。私も、マイクの使い方のせいなのか、口からの位置のせいなのか、一度ならず二度までも、音響エンジニアが仕事中のブースに入ってきて、マイクの位置を直してくれたりしたこともありました。息遣いが大きく聞こえていて聞きにくいから、と言われたこともあります。自分では自分の声はナマでしか聞けずに、マイクを通した声の質はよくわからないのです。

そんなこんなで、この方の逐次通訳も、いつのまにかかけ替えのないパートナーをはらはらしてみているような気持ちになってしまいました。

幸い、次にマイクまで歩いた人のペースがとても遅くて、その人の日本語の話し方もとてもゆっくりでした。あー、やっと一瞬休めた！　と他人ごとながらほっとしました。少しは疲れが取れたようでは、と思ったのですが、かえって緊張が解けてしまったのか、この後はいきなり、英訳の中に「あー」とか「えー」とかに当たるフィラーの音が多くなりました。三倍量の英訳は二倍量ぐらいに減ったのですが、many many, very very など形容詞や副詞の反復が増えてきました。常套句の表現にも繰り返しが多くなりました。二種類も三種類も付け続けます。

時間が経つにつれて声にも疲れが現れてきました。感情があらわになり、ちょっとしたユーモアの響きが入った返事に対して訳す前に声を立てて笑うということも起こりました。

会場が爆笑したりするときに通訳だけ「笑うな」というのは過酷ですが、バイリンガル聴衆もいるし、モノリンガルの方も孤立しているわけではないのでつられて笑う人もいます。でも、このときは、通訳だけが笑ってしまったのです。これは、私には彼女が疲労で感情のコントロールにエネルギーが回らなかったのだと思えました。

外国人記者クラブでの聴衆は英語スピーキングなので、この女性がマイクを使ったのは日本語から英語への逐次通訳だけでしたが、英語の発言や議論のときには、女性はメインスピーカーのために日本語ウィスパリングをしていました。

それほど大きな声ではありませんが、時どきマイクに日本語単語が飛び込んできたりしたので、マイクを使うときの通常のボリュームの声と、ウィスパリングの場合のひそひそ声の使い分けがうまくできなくなってきました。疲れてくるとちょっと混同しがちになることが自分のことのようにわかります。

こうして、この女性通訳の仕事時間は総計では、わずか三〇分とはいえ、ひっきりなしに話し続けた三〇分です。聞いているだけでも無理強いしていじめているような残酷な気分になってしまいました。一分か二分でいいから、途中でしっかり休ませてあげたら、誰か代わってくれたら、と祈るような気持ちでした。イヤフォンで聞いているのがちょっと辛くてはずしてしまうと、近くにいた夫がのぞきにきました。

アメリカ人の夫がいきなり途中から聞くと意味のわからない英語になってしまっていたようです。「なにを言ってるの？　どういうイミ？」と聞かれて「いいの！　前後聞いてればわかるんだから」と同僚の英語の質を援護射撃しました。ぷんぷんしている私に、夫は「なに怒ってるの？　ヘンだなあ……」とそっと離れていきました。

これほどの人でも全身全霊の集中力で最適な力を発揮できるのは一〇分か一五分だという事実を突きつけられて、他山の石、私も密度の濃さや精度が勝負の通訳依頼は、がんばりすぎないように、と肝に銘じました。一人で長時間するのは、安かろう悪かろうです。それなりの休憩を入れながらできる柔軟性がある場合だけ一人でもよいのですよ、と説明したいです。途中で少しだけでも絶対に誰かに代わってくれるようにお願いしたいです。

＊チームで通訳

二十世紀後半、国際舞台の仕事は大抵が英語です。そこで、日英語だけの私でも、日本のクライアントのために年間数回は欧州諸国へ行きました。なかには東欧圏で足しげく通った国もありました。

ある会社のプロジェクトでは通訳兼ビジネスコンサルティングをしていました。九〇年代初頭、当時、いまだ西洋諸国に開国して間がない様子のポーランドをよく訪れましたが、その頃までのポーランドの一般商用ではドイツ語かロシア語が強かったのです。ただし、企業でのハイレベルミーティングや政府関連会議や交渉では、既にほとんどが英語で間に合いました。

その経験があったので、しばらくあとにポーランドでの政府関連の案件で通訳依頼があったときには、なんの危惧もせずに出かけました。

英語を話せる相手を確認して予約を取ってありましたが、その日に限って、先方は急用か急病かでその会議に出席できなくなったのです。

急遽、同じプレゼンをしていただける人に入れ替えてもらったのですが、その人はドイツ語かフランス語は良いが、英語はだめとのことでした。そこで、ドイツ系で英語ができる人と、フランス系で英語ができる人の二人のポーランド人が呼ばれてきました。非英語ポーランド人のプレゼンは、場所によってはドイツ語で、場合によってはフランス語になりました。

二十一世紀の今なら日本語とポーランド語の通訳者も簡単に探すことができるのでしょうけれど、その時代は難しく、この二人が協力し合ってプレゼンを英語に変換してくれました。

それを、今度は私が日本語にするという手間がかかる流れでした。これはまだプロセスだけの問題でしたが、日本人から問いかけが出ると、それを私が英語にします。ところが、独断や即断が許されないポーランドのお国柄が災いして、そこからさらにこの三人がああでもない、こうでもない、と延延と言語のニュアンス談義やら議論や相談をするのです。その挙句に、やっとこすっとこ……とんとんとんとたたらを踏んだあとの感じで英語での返事がでてくるのでした。

＊リレー通訳の留意点

第2章でソース言語がなまりの強い英語なので、その英語からではなく、そこから浄化され洗練されたフランス語にされたものをリレー原語に使い、英露訳のはずが、フランス語経由でロシア語訳をしていた通訳者のエピソードなども紹介しました。私がブースに入って日英をした場合には、恐ろしいことに私の訳す英語が他の言語にリレーされていくことも少しご紹介しました。日本で活躍する日英通訳さんたちの仕事ぶりに触れると、英語が得意で表現がきれいな方が多いのですが、アメリカで働く英日通訳さんたちは日本語が上手できれいに話す方が多いのです。いつみても日本語の新刊本などを抱えていて、テレビやラジオ、ビデオやユーチューブとも接しているようで、日夜日本語を磨くことに余念なく生きています。それほどまでして、日本語を常にアップデートしていても、英語の方になると「実は英訳得意じゃないの」とそっと教えてくれる一流のパートナーがいたりします。

私自身も考えてみると、日本語には意識して触れるようにしているのに英語への努力が足りないなと感じることがあります。夫や息子、嫁とは英語で話すのですが、専門通訳に役立つほどの深みや厚みのある会話をすることなどはめったにないわけですから、やはりもっと努力するべきなのでしょう。

私の英語はとにかくとして、リレー通訳をしなければならないときに、母語から英語への訳があまり得意ではないという方の英訳を日本語訳にしなければならないことがあります。正直、辛いです。反対にAPECのCEO会議のときにはロシアの大統領、中国の首相、インドネシア首相たちはご自分の専属通訳を連れてきました。よどみなく、早すぎず遅すぎずペースもすばらしく、発音も明確、文法も正しく内容など気にならないほど聞いているだけでうっとりする英語でした。さすがにその国のトップの通訳さんたちなのでしょう。実力なのか読み上げ原稿なのかわかりませんが、このときの私の仕事はとてもとても楽で、言葉の表現力や音の美しさを楽しめる余裕までありました。

他の国々でも英語で発表されたトップリーダーの方はやはりしっかり推敲して厳選された言葉を使うので、英単語や熟語の意味に誤解が少ないように、あいまいさも回避されていました。ですから多少のお国なまりだけを心配すればよかったのですが、リレーとなる英語訳をした通訳たちは大変だったでしょう。

母語から英語へならまだ良いのですが、国によっては母語からスペイン語、フランス語、ロシア語などのメジャーな言語に訳され、それがまた英語になるというケースもあったようで、時間のラグが長すぎたり、どこのスイッチポイントの通訳さんなのか、絶句してしまう方もいて、気まずい沈黙が聞こえてくるだけです。日本語にすることもできないので、あまりそれが多いときには、「リレー通訳の英訳が聞こえておりません」などとマイクに入れました。

リレーのソース英語に望むこともいくつかあります。

発音を明確に、あいまいさを回避できる単語を選んでほしい、文章を短くしてほしい、時制や単数複数を間違えないでほしい、人名や肩書はゆっくり言ってほしい、母語の発音の影響をできるだけはずして、できるだけ英語本来の発音にしてもらいたい、二重否定や丁寧や謙譲表現は誤解のもとになりやすいので、ポイントを直截に、シンプルに。

非常に重要で強調すべきことがあれば、するっと流さないでほしい、できればそういうところはゆっくり、もしくは、繰り返しますと断って実際に繰り返してほしい、声を荒げたり泣き声は困るので自制してほしい、感情があらわになったとしても正確に音が拾えるような単語や熟語を選択してほしい、感情を表す語彙も豊かに使ってほしいが、話者よりもトーンを下げ、感情的にならずにきちんと表現してほしい、早すぎも遅すぎもやめてほしい、話者が沈黙したときだけは沈黙していただいて結構ですが、話すペースは一定にしてほしいなどです。良い朗読を聞いているようにできるだけ流れも自然であってくれればなおさら助かります。

とは言っても、すべてのことにいつも気をつけているわけにもいきません。私の英語がリレーのソース言語になるときに特に注意するのは、音量を一定に保つこと、できるだけペースを一定にすること、詳細を省略したとしても他言語に訳したとき落としてほしくないポイントをしっかり伝えること、どの言語にするにも英文が短すぎて困ることはないので、端的にロジカルに短くすること。それに選択の余地があれば、わかりにくい発音の単語や私の苦手な発音が続く単語を避けます。

あれこれ理想を述べましたが、完璧な準備ができて最高の姿勢で臨める業務ばかりではなく、理想の労働環境や準備条件が完璧に揃うこともそうそうありません。リングイストは、どこかしら柔軟に対応せざるを得ない職業なのです。

第５章
医療系通訳

米国血友病協会からの参加者とメルボルン会議で（２列目左から２人目が著者）

1　医療系通訳の世界

第4章で、さまざまなリングイストの業務内容をご紹介しましたが、その中で私が通訳を続けてきた原点である医療系通訳について章を別立てにしてお伝えしたいと思います。弱い人、言葉をうまく使えない人が、がんばってより良く生きるために、言葉と文化を融合させたツールで支援することが上手なリングイストとしてすべきことだと考えています。以下、第4章と重なる部分もありますが私の経験した医療系通訳の世界をご紹介します。

アメリカでの医療系通訳にはいろいろな働き方があり、雇用契約も、さまざまですが、簡単に分けてみます。

（一）医療系会議通訳

同時通訳ですが、会場規模、聴衆タイプ、参加者数やプレゼンターの数やレベルにも大きな差があります。公開会議も非公開会議もあります。学術的・学際的であったり、ビジネスやプライバシーがらみであったり、法務や規制や裁判に関する極秘のものもあります。参加者も一般の方向けから専門家や特定企業関係者のみもあります。高い専門性が問われるので、だいたい顔ぶれも決まった方たちが雇われるようです。ビデオ会議や電話会議もあります。

電話会議での同時通訳には、ラインを二本使います。一本は英日、もう一本は日英になります。通訳はどちらも聞きます。参加者は、英日訳を必要とする人は、ソース英語はスピーカーで流し、日本語はイヤフォンで聴きます。日英の場合は、日本語ラインのみに話してもらいますので、英語モノリンガルの人たちには日本語は聞こえません。私とパートナーが話す英語はスピーカーからすべての人たちに聞こえます。

私はサンフランシスコにいて、パートナーはスイス、クライアントは、アメリカ側がニューヨークとワシントンDCとカリフォルニア。日本側は東京ともう一つの地方都市にいてこのような電話会議が行われたことがありました。パートナーと私は合図のしようがないので、事前に電話で打合せを行い、時間の流れや話の流れに関係なく、時計の針が十二、三、六、九時のところで自動的に代わりましょう、と決めました。時計を合わせておいて、持ち時間の一五分が切れそうになると、訳文をできるだけ短くします。そうしないと、途中でパートナーが飛び込んでくる可能性がありました。とてもスムーズなスイッチで、あとで日本の方が私たちはアメリカとスイスにいた、というのが信じられないと笑っていました。東海岸の方と組むこともあります。似た方法を使いましたが、このときには、途中で突然 iPhone の調子が悪くなり、パソコンから緊急メールで少し長く通訳を続けてもらうように頼み、その間に夫の iPhone に乗り換えたり、先方がこの人のアクセント私だめ！　とパソコンメールで言ってきたことに対し、じゃ、ここは私が対応する、などとお互いのメモのやりとりをパソコンメールで送り、サイドで活用しました。

電話会議の逐次通訳は、間の取り方が難しいのです。音声と背景の雑音しか聞こえず、ビジュアルなヒントがまったくない中で日英や英日の訳をしていくので、どのタイミングで訳を挿入していくかを次々に決めながら続けなければなりません。

日本の人は途中で邪魔されるのをいやがる代わりに、ひと区切りすると大抵の方が「じゃ通訳さんお願いします」などと声をかけてくれます。大抵のアメリカ人は通訳の使い方が下手ですから、日本語に訳すタイミングは、こちらが仕切ってしまわないとうまくいきません。子どもの頃の縄跳びに飛び込むようにあまり考えず、ここと思ったところへ飛び込んで飛び跳ね続けます。

（二）逐次通訳

基礎研究、各種の講義、医療法規制、ヘルスケア関連に薬学や医療機器類の講演、医療関連業務の公的委員会や医療過誤訴訟の法廷、証言録取書など公的書類に関係者発言や議論内容を英語で残すための通訳も多く、小規模会議やミーティング、電話会議など、逐次でする場合も少なくありません。

（三）医療の現場で（専門家に向けて）

医療機関が雇いますが、臨床医療者向けに限らず、学生や研究者向けの講義や機器設置や医療ソフトの使い方、エンジニアトレーニングや治験関連等さまざまです。適切な医療行為が施されるため通訳は大切なツールとなります。

（四）臨床現場での患者サービス

「病院通訳（hospital interpreter）」と言われることもあります。患者さんが適切な診療や医療行為を受けられるように、また医療関連のサービス内容をきちんと把握できるように、入院病棟や外来クリニックで行います。組織や個人がクライアントとなり、患者の言語サポート、さらにはアドボカシー（権利擁護）を兼ねる場合もあります。患者教育の一環としての面接やカウンセリング、グループワーク、サポートグループなどに通訳が入る場合もあります。

（五）その他

臨床や基礎医療、実験的医療行為や治験、医療過誤訴訟や医薬品・医療機器関連特許関連訴訟などに関して、言葉の障壁がある場合に雇われます。文書の読み上げや、ビデオ等のサマリーを口頭で表現したり、比較文化や異文化コミュニケーション的なコンサルテーション要素が入ってくる場合も少なくありません。

その土地に多い複数言語について通訳技術をもつ治験コーディネーターや移植コーディネーターが本職以外に「通訳業務」も兼ねることがあります。米国の南やカリフォルニアなら英語とスペイン語、ネバダ州・ラスベガスならロシア語コミュニティ対応、カリフォルニア州の中でもグレンデールならアルメニア語対応、メルセドやフレズノならマン語対応、サンフランシスコなら中国語対応など。

これらの仕事に就く通訳者たちには次のような傾向があります。

（一）は会議通訳（同時通訳）者が医学や薬学を勉強して行うことが多い。

（二）は法廷通訳者が、医療用語や薬学用語を勉強して行うことが多い。

（三）は医療機関と契約した通訳派遣会社か、個人契約をしているフリーランス通訳者が多い。ナースやドクター、薬剤師などの資格をもつ人が有利です。

（四）は病院通訳や医療通訳で経験を積んだ人が半専門的にしている場合が多いようです。また、患者に付き添うアドボカシーを含むのは、通訳としては特殊なことで、バイリンガルのケースマネージャーやソーシャルワーカーなど福祉職の人（薬剤師や疾病カウンセラーがボランティアすることも少なくない）が仕事の一環としてすることが多いです。病気（がんやエイズやアルツハイマー、特定遺伝病など）によっては関連団体のスタッフ（有給）またはボランティア（無給）で専門職を置くことがあります。

（五）の特殊な状況下の通訳は、通訳技術よりは、当該分野での長い経験や高い専門性が要求されます。また、基礎学力の盤石なバイリンガル能力も条件で、異文化コンサルや医療や薬学関連の専門分野経験と実績が問われます。

2　通訳業務以前の問題――医療系通訳の特殊性

多様な言語で生活をする人が多いアメリカ大都市の医療の現場では、通訳を頻繁に使います。通訳者のあり方、医療者側から、患者や患者の家族からの期待され方もいろいろです。通訳が必要かという以前の問題もあります。ノンバーバル・コミュニケーション（非言語情報）の大事さが過小評価される場合や、通訳技術も無駄になる使い方をしている場合もあります。また、通訳技術と権利擁護技術の両輪を必要とする患者さんも案外多いのです。

＊病院通訳の特殊性

どの言語もその言語特有の文化や生活習慣に密着しています。その因子をはずして、つまり、同じ言語で話したとしても、医師と患者間のコミュニケーションは案外難しく、治療を求める側、臨床ケアを施す側のどちらにもこの問題の根は深いのです。スキルの習得には時間がかかり、簡単に向上させる方法はありません。

営利商業行為なら、最終的にはすべて金額という共通ツールで、価値観の共有が可能になります。翻訳されなくても通訳されなくても数字そのものが大きく訴えます。医療行為の共通ツールは、患者の状態や症状が表わされている検査値や映像です。これを正常範囲との比較で具体的な症状との対応を説明すれば価値観を共有できます。

医師は総合的に判断し、施薬、手術、リハビリや栄養指導、生活習慣改善指導の計画を立てます。医師は患者に向かい、特定の行動変容を促し、特定の習慣から抜け出す誘導を目標に計画します。そしてその内容を「医療用語から一般的な英語に通訳して」患者に伝えます。

アメリカでの病院通訳者は医療者の英語を日本語に訳しますが、検査結果をデータとして伝えるという杓子定規な部分は、かえって言葉の意味や数字の正確な伝達が重要になるので、だいたいわかるという住人ボランティアではなく、複数言語を正確に理解するリングイストが大切なツールとなります。

次のステップは数字をどう解釈するか、そして解釈内容を理解してもらうコミュニケーションが必要です。医師が解釈した内容を、目の前の特定の患者さんの実生活にはどう応用するとよいのか、するべきなのかを医師と患者の間の話し合いで決めていくのですが、ここでお互いの腹の探り合いが起こります。

大抵の日本人の患者さんの本音は、「今すぐ（＝時間を置かず、人に言い難い恥ずかしいことなど逐一話さずとも、黙って座ればぴたりと当てるのが名医でしょ）、即効で目の前の症状がなくなる特効薬をください。余計なことを言わずに静かに（身内や友人など誰にもなにも言わないで済み、まるでなにごとも起こらなかったかのように）問題がなかった以前の生活へ戻りたい」のです。

それがだめなら、せめて「簡単に（＝一度かそこらで、超短時間で、捨て金で済むぐらい安く）、痛みや犠牲を伴わず（＝後遺症や傷などなく、注射やリハビリや節食などもしなくて済んで）、確実に治る（＝今後一生二度とこのような目にあわない）方法を教えてもらいたい。自分で人さまの手を煩わせずにできるのが理想。それがだめならさっさと施してもらいたい。金、時間、エネルギーを使うのはいや。錠剤だって副作用が怖い。早くこの問題を忘れて自由に暮らしたい」というものです。

医師側の本音は、「医食同源、ほとんどの病気は生活習慣、食習慣の改善で良くなる。それ以外は遺伝と加齢が大影響。つまり遺伝、事故や喧嘩の怪我、感染症や環境物質要因以外は比較的珍しく、大抵の場合根本的な原因や発症のきっかけのほとんどが、ストレスや不充分な睡眠や悪い姿勢や運動不足、それに暴飲暴食か偏食と加齢、たばことアルコール摂取過多で悪化していると説明できる。薬は二の次」と思いがちです。

複合的な原因に基づいていない場合の一時的な症状や急性症状は薬や手術で改善できますが、慢性疾患による慢性症状は、生体自体の個人差と予防的努力や改善努力の度合に比例するので、じっくりゆっくり対処する以外に特効薬はありません。薬の適切さ（種類、投与量、使う期間）を決めるためには経過観察も必要だし、生活が変われば副作用など体の反応も変わるから、どうしても定期通院や度重なる検査が必要。嫌なことでも詳細に話してもらうコミュニケーションも必要不可欠ということのようです。

治りたいなら、患者さんも最新の薬、医療知識や技術を理解してくれと要求するばかりでなく、ドクターの言う内容をわかるまで聞いて、するべきことはする、その上で判断の決め手になるデータ取得や報告に熱心になってほしいと医師側は願います。

医師側は「自分がしてやれることは限られている、薬で自然に治るのを待つにも限界がある。自分で地道に努力するしかない。それをしても時間が経てば確実に悪くなるよ」などと言ってしまうことができればこれほど楽なことはないわけですが、それでは患者さんは立つ瀬がなく、「なんのために病院に来たのか、それでも医者か！」となります。

こうして、診察室の中のコミュニケーションとは、「治療への期待」も「通院目標」も医師と患者ではまったく違う二つの世界でお互いの思惑を抱えて正面衝突しているのです。

加えて言語に不自由があれば通訳を雇えばよいと短絡的発想が入りますが、患者側が雇うのか医師側が雇うのかでことほど左様に通訳に期待される役割や機能が変わります。

＊ノンバーバル・コミュニケーション（非言語情報）の大事さ

医師側に雇われたときのエピソードを紹介します。アメリカの話ですが医療職が患者になり、主治医とのコミュニケーションがかえってうまくいかなかった例です。

ある日、エージェンシーから世界的に有名な大学病院へ医療通訳として派遣されました。アメリカ人ドクターやナースが、笑顔いっぱい、期待いっぱいでうれしくなるほど私を待ち構えていてくれました。産科に入院していたのは日本人女性。

部屋には、彼女の夫が子どもと共にお見舞に来ていました。私が通訳と紹介されると、彼はどうにも解せない神妙な顔つきです。

「え？　頼んでませんが……。特にいりませんよ」

夫は日本のさる有名大学病院に勤める臨床研究医師で、現在アメリカで客員研究員、入院している妻も高度医療施設で薬学の知識と技術をもつ看護師で、治験管理もしていたエリート医療者夫婦です。

「アメリカ人医師やナースの説明は一〇〇％理解できていますよ」と言います。

この女性の持病は、日本人の場合、若い女性には比較的珍しくない慢性疾患だそうですが、「アメリカ人には高齢によくみられて若い人には少ないので、ここのドクターはちょっと神経質になっているんです」と説明してくれました。

このご夫婦は日常生活の調整も含めて、慢性疾患対応も教科書的に完全にうまく管理できており、アメリカ人主治医には苦情を言わず、かといってこれといった説明もしませんでした。検査結果をモニターしていれば医療者なら問題ないことがわかるはずだからです。

アメリカ人ドクターたちからの説明には、失礼にならない程度に相槌を打ち、薬の説明も目礼だけ。しっかり飲んでいるので問題はないはずです。

ところが、これではアメリカ人ドクターからみるとパズルだらけにみえるのです。

「ご夫婦とコミュニケーションがまったくできていないので、通訳を入れれば良くなるかと思う、ぜひ助けてもらいたい。この二人は『うんうん』と言うだけで、無表情。反論も質問もない。

まったく話をしてこないし、英語の理解力の程度が推定できない。薬も飲み続けているようではあるが、わかっているのか、わからずに言われた通りに飲んでいるのかわからない。夫妻ともに感情は表わさず、表情も読めない。病院の食べ物もろくに食べない。持病とは言え、稀な病気を抱えての妊娠なのだから、もう少し真剣になってよいはずである。一度通訳を通してなにをわかっているのか、なにか知りたいことはないのかコミュニケーションする必要がある。

おまけに、幼児たちは放任されている。室内で奇妙に大声で叫びはしゃぎまわり、廊下を走りまわる。しつけもできない低所得階層の出身か夫婦仲が悪い示しとみえるが、文化の違いなのかもしれない。よくわからない。夫は米一流大学の研修者で夫婦仲がわからない。二人で話しているところはみたことがない、夫婦間に会話がないのかもしれない」

これが、部屋に入る直前に、私が手短に説明された背景です。

さて、私の出番ですが、実に優しそうなアメリカ人ドクターとナースが親身に、交代で、しかもだいぶ遠慮しながら病気、薬、検査、治療、入退院手続きなどについて英語で説明しました。それを私に日本語にしなさいと指示があったのですが、この時点で、夫が「わかっていますので結構ですよ」と英語で遮ぎりました。

アメリカ人ドクターは、外交的な笑顔を崩さずに「念のためということでぜひそうさせてください。外国籍の方には一応すべてそうさせてもらっています。また、あなたがすべてわかっていても、私たちの対応するべき方は奥様のほうですので」などと言った。

「あ、いや、妻もわかっております。わからないところは私がいますし」
「はい、でも、あなたは当事者ではなく、二十四時間ご一緒にいるわけではないので、ご本人の理解の確認のためにも……」

押し問答のような会話のあとに、通訳として雇われている私なので、すべてを日本語に置き換えるという望まれてもいない無駄な作業をしました。

アメリカ人医療者たちは私に「他になにかあるかもしれませんから、まだちょっとここにいてください」と言い残して部屋を去ってしまいました。

この時点で、このご夫婦はやっとどうもなにかが変だと悟ったようです。

「どうして通訳の方なんか雇ったんですかねえ。頼んでないんですけど。そういう決まりなんですかね、アメリカの病院っていうのは？」

読者の方はもう驚くか、あきれているか、それとも、気が付かれたでしょうか……。

「日本人はわかってもわからなくても、はいはい、と言い、反論や質問をしない場合は、実は理解していない。賛成合意の意志表示がないままに患者さんを帰してしまうと症状改善はない、もしくは悪化する」というのがアメリカ人ドクターたちの日本人観です。

「ちゃんとお礼も言っているし、尋ねられたらわかったと答えてますけど」。このご夫婦は、アメリカ人ドクターがどうプレッシャーをかけてみても「知っている」、「わかった」と言うだけでよそ行きの顔を崩さなかったのでしょう（つまり無表情）。ご夫婦からみれば同業者の患者向け説明ですから、特に感激する新情報もなく、既知情報を繰り返されているだけです。ドクター側は、同業者でも、専門が違うし外国人なので一通り説明します。まして教育程度に関係なく対等な対人関係にあるつもりですから、感謝や困惑や改善の喜びや、果てははかばかしくない気落ちや怒りなど、なにかしらはあるはずで、なにも表現しない患者さんには慣れていません。

「ああ、それで通訳がいるか尋ねられたんですね。ノーと言ったのに」

誰かが「伝えるとは人が（口で直接）云うと書くんだ」と言っていましたが、コミュニケーションとはおもしろいもので、言葉だけではないのです。表現内容の論理性や正確な語彙の使用は、伝わる内容の正確さを保証しません。非言語部分をみて、無意識に判断する部分や第一印象が果たす役割も大きいのです。

まず、アメリカ人ドクターのアンテナにひっかかるのは、「発音が外国人、文法や用法に基本的な間違いがある、ジェスチャーが不自然、話す言葉の意味と非言語の対表現の意味が不一致、語彙選択が不自然」などですから、「言語で表現された内容の理解や不理解もまだらでは」と疑います。

そこに反撃材料が来なければ、時間がたつにつれて、総合的理解力に対しての不信感が募ります。一度不安になると、気になるヒントは「言葉数が少ない。反応が鈍い。無表情」などで、確証はないものの、いつのまにか理解していない証拠に思えてきます。

「サンキュー」の一言があっても、言葉は発音されても笑顔もなく目も合わせない、ぞんざいな感じなのに声が小さい、音にはずみがない、つまり言葉にリズムや色がなく情熱や喜びが感じられない、これではアメリカ人からは「ありがたみが表われていない」とみられることなどをご夫婦に説明しました。

「あまり何回も、わからないことはないのか、と重ねて聞かれるので、すべて理解した自信があるわけではないと謙遜したことがあります。それがいけなかったのですかね」と彼らにも思いあたる節があったようです。

この状況でその返事では、アメリカ人なら「しっかりしつこく尋ねたらやっと本当のことが分かった」と思うでしょう。アメリカ人に対しては何度同じことを聞かれても、答えが同じなら飽くまでも同じに答えなければ誤解されます。

「この次は、なんでも良いので、アメリカ人ドクターやナースに質問してみたらどうですか」とアドバイスすると、保険のことなど知りたいが誰に聞いたらよいかわからないというのでソーシャルワーカーを探しに出ると、すぐに駆けつけてくれました。

「退院などの手続きは説明しましたが、質問がなかったので、知りたいことがあったとは知りませんでした」とソーシャルワーカーも驚いていました。ご夫婦のほうはもっと驚いていました。この人は病棟に出入りしていたのでナースと思い込んでいて、保険のことは聞いてもわかるはずがないと考えていたそうです。ご夫婦のほうは入院病棟にソーシャルワーカーがいること自体に驚いていました。

職名は一度早口に言っただけでしたし、ご夫婦のほうは、英語の問題ではなく、期待しない職名なのでうっかり聞き漏らしたそうです。「初めて会った人でも、ここでは最初からファーストネームを使うので、この病院の人は誰がドクターで誰がナースか検査技師なのかみただけではわかりませんよ」と言うことです。それまで、自信たっぷりの迷惑顔しかみせなかった夫が、初めて少し困惑した表情をみせました。英語で言うところの「氷が解けた」わけです。

その後は、アメリカの病院のシステムの話などの雑談になりました。

このご家族の家庭生活は順調です。もの静かでしっかりものの妻が、幼児たちの教育としつけと世話。夫は研究に没頭できて家族とのんびりする時間もあり、まったくこれといった問題もない日常生活です。

みた目は日本の職場と変わらない環境で、半年も暮らし慣れたアメリカですし、知り尽くした医療業界と思っていた世界に、今さらながら知らないことが多いということに驚いていました。「違う」などとは思ってもみなかったので、どこかが違うはず、どこが違うのかと探す努力はしなかったわけです。研究や日常雑務に追われているうちに、裏などのぞかないままに暮らしてきたわけでした。

患者側は病院通訳などいらないと思っていたわけですが、医療機関側には言語自体ではなく、表情、身振り、声質など、ノンバーバル文化の橋渡しをしてくれる誰かが必要だったわけです。

＊読心術で患者さんの役に立つ

通訳技術に関連なく、とまどいや遠慮が医療サービス効率を下げる場合があります。必要な語学力があっても、都合の良いことしか尋ねることができない患者さんもいます。

ある栄養士クリニックから「ある患者さんとうまく対応できていない。言葉の問題に違いない」と通訳依頼が入りました。

ちなみに、アメリカのほとんどの病院には管理栄養士が行う糖尿クリニックがあります。また、ある大学の臨床パイロットプログラムでは、臨床薬剤師、管理栄養士、日常生活をよく知るケースマネージャーがチームを組み、糖尿病の患者さんたちの食事指導や栄養知識の教育、検査の仕方やモニターデータの意味、服薬や生活スタイル指導法を総合的にカウンセリングしています。

そこの評判は良く、薬の心配、食の心配、エクササイズのあり方、血糖値のモニターデータなどを包括的に相談できます。栄養士だけのクリニックが悪いというわけではなく、患者さんにとっては食事だけをとりあげて、食欲や食習慣だけを計算通りに変更するのは難しいものです。

栄養士が「前回のおさらいをしましょう。メーターの使い方はわかりましたか」と、日本人のご婦人に尋ねました。

「わかりましたがうまくできないんです。これって壊れてるんだと思います」

栄養士は器具の使い方を説明し、患者さんに使ってみるように促しますが、できません。再三丁寧な説明があり、また試すのですが、やはりできません。患者さんの顔はあきらかに、もうあきらめています。

「違う器具をください。私の指の力では無理です」

「違うタイプもありますが、そちらのほうが力がいります。これは力を入れなくてもできるはずです。もう一度やってみてください」

患者さんは今にも泣きべそをかきそうです。そこで、「私がしてみてもいいでしょうか。おもしろそう」と言ってみました。通訳がそんなことを言うことはないので二人とも驚いています。患者さんは笑顔になり、「どこをどう押したら良いかわからないでしょう?」と私に器具を渡しました。

私は「どこを押すんですか?」とその小さな器具をぬっと栄養士さんの顔に近づけました。患者さんは「そこをね、押すっていうんだけど、押せないのよ。やってみて。ね?」と、私に同意を求めます。

それをみていた栄養士さんは、これほど簡単なことでも、やってみせてもらいたいんだ、とやっと気付いたようです。困り切った様子で、ため息をつき、躊躇しながらもその器具に手を伸ばし、「患者さんの持ち物を、他の人が使ってはいけないのですが」と断りながら、やってみせてくれました。

緊張しきっている当人にいきなりトライは無理なのに、と私は内心栄養士のやり方に少々不満だったのですが、この一言で、やっと疑問が解けました。

「デモできるサンプル器具とかないんですか？　または、ビデオとか？」。私はまたまた、通訳としては出過ぎたことですが、尋ねました。すると、栄養士さんは「ウェブサイトで使い方をみせてるから、復習になりますよね」と、すぐに手元のパソコンでそのサイトをスクリーンに映してくれました。

すっかり緊張が解けた患者さんは、うまく練習もできて、余裕しゃくしゃくで器具や手指の消毒もきれいに要領良くできました。

3　診察同席通訳

エージェンシーから派遣され、診察室で同席しての医療通訳でしたが、患者さんのお役に立てずに、事前にしっかり打合せをすることが大事と学習したことがあります。

それ以降は必ず五分でも一〇分でもドクターに会う前にまずは患者さんと話しこんで、訪問目的や質問したいことを先にうかがっておくことにしました。失敗談です（患者＝患、ドクター＝D）。

患「あ、いつもどうも」
D「いや、お元気そうで」
患「あ、まあまあですよね。おかげさまで」

D「で、最近は？」
患「結構なんとか……」
D「じゃあ、例のお薬は」
患「大丈夫です」
D「じゃ、いつもの通りで？」
患「ま、もっといいのがあれば……」
D「いつも言ってるでしょ、そうはいかないって」
患「いやあ、先生にそう言われちゃったら……」
D「いや、私だからってわけじゃなくて、どの医者へ行ってもそうですよ」
患「ただ、うちの娘に言わせれば、……」
D「その人、ドクターですか？」
患「あ、いえ、ナースですが」
D「なんの？」
患「えっと、なんだったかなあ、よくわかりませんが保険会社とかに勤めてまして」
D「じゃあ、臨床じゃない、それに専門外ですね」
患「あ、そーなりますかな」
D「じゃ、いつもの薬お出ししておきます。（処方箋渡す）なにか他に変わったことは？」

患「いや、もうこの歳ですからね、それはまあいろいろありますよ。家のこともまだごたごたしてますし。近所も相変わらずですし」
D「あ、あれ、まだ続いてるんですね。気を付けてください」
患「そーします」
D「特には？」
患「いや、別に」
D「じゃ、変わったことあったら、また来てください。いつも通りに受付で」

特に難しいことはなにもなく、アメリカで長く生活した患者さんならこの程度の会話に通訳は不必要でした。患者さんの不満は診察室を出た途端に小さく爆発しました。患者さんは、外国語だからこうなるのだろうと漠然と考えている場合が少なくないので、通訳を頼んだのです。

言葉がうまくできれば、ドクターもしっかり説明してくれるはず、だから通訳を入れて、自分の母語で内容を確認しながら聞いておきたいと思い、通訳を雇った。ところが、案に相違してまたただめ。どうしてうまくいかないのか内心の苦悶が、つい通訳者に対しての愚痴になります。

やれあのドクターは押し付けがましい、もっと良く利く薬があるのに、私に限って出し惜しみしている、待たせる割にはこちらの話を聞いてもくれない、あちこち痛みや悪いところがあってもいつも「歳だから仕方がない、もっとひどくなったら薬を出します」ぐらいで騙されてしまう。

あれでは、こちらからなにか言いだす気にもなれない、そうでしょう、など。

愚痴が一通り終わると、私に質問が飛んできます。

「あ、そういえば、この薬はなんていうんでしょ。前に娘に聞かれて名前がわからなかったんで、今度は聞いておこうと思ってたんですが、つい忘れて」（処方箋を読んでメモに英語で薬名だけを大書して渡しました）。

「いや、あのドクター長いですからね、私の体のことはすごくよくわかってくれてて助かります。高血圧と関節炎と糖尿があるんですが、昔、結核やったことがあるんで、肺炎も起こしやすいらしいですよ。最近ちょっと肺が痛む気がするんですが、気のせいだろうって言われたんです。この前の検査でなんか出たら教える、って聞いてたんですが、なにも言われなかったですよね。なんでもなかったんでしょうねえ？」

私に尋ねられても……。

遅きに失したのですが、いまさらで、今回なぜこの病院へ訪問したのか、なぜ、今回に限って通訳を頼んだのかと尋ねてみました。

「時間もないようだったし、他の患者さんも待ってるし。第一、質問してもあの先生の話は難しくてねえ。で、よくよくわからなかったら娘が一緒に行くって言ってんですけどね。この次は来てもらおうかな。どう思います？　でもねえ、大丈夫ですよ、って言われてもなにがどう大丈夫なのか、心配なんです。そんなもんですよね。薬をやめれば痛むわけだし。ずっと飲み続けなければなんないんですかね。危なくないですかね。薬って怖いでしょう？」

本当は、①薬の名前を知りたい、②肺の痛みへのアドバイス、③検査結果を知りたい、④薬を飲む期間（いつやめられるか）、⑤薬を長く継続する危険、などの質問に答えてもらいたかったのです。

この方も、それを私に先に知らせておいてくれれば、診察中に水を向けることもできたし、タイミングをみて、本人にここであの質問をするようにと、促すこともできたのですが。役に立ってさしあげられずに、診療時間が終わってしまいました。通訳を雇ってまで聞きたかった質問はいっさい持ち出すことができませんでした。あとの祭り、私にも仕事をした達成感もなく、むなしい感じだけが残りました。

もしこれがボランティア通訳の場合ならこの話を聞いた時点でとって返します。この方の場合は、エージェンシーからの派遣なので、時間や雇われた条件上の制限があり無理だったのですが、他の人の例では、診察室を出て一緒に階下の薬局へ行き、薬の調合されている間に「あれを聞くつもりだった」、「これを質問したかった」などが出てきました。

すぐにクリニックへ戻り、ホールで担当のナースを捕まえました。「一分で良いから、聞き忘れたことがあるので」と強引にドクターを呼んでもらいました。そして、その場でその質問を尋ねてしまいます。答えを聞いてその患者さんは初めてほっとして帰り道につけたのですが、似たようなことがしばしばあります。

日本語では「医は仁術」、英語では「医は芸術（匠の工芸？）」ですが、どちらにしても一律の応用知識を授けるのではなく、患者側の満足度や、生活の質に沿う医療行為の選択、判断が重要であることが強調されている表現に思えます。

ドクター側、患者側のそれぞれにコミュニケーションスキルが必要となりますが、通訳として雇われる場合は、言葉の置き換えや用語や意味の解釈のみが要求されます。それ以上は、通常の病院通訳がかかわれる範囲を超えます。もっとも法律や司法関係でも同じことが言えます。コンサルテーションやアドバイスにあたる言葉を使って良いのは弁護士など法的な資格をもつ専門家だけで、リングイストの仕事の範囲には縛りがあります。他職と法的な責任を混同しないように分限があり、それを超えてはいけないのです。

＊通訳技術と権利擁護技術の両輪が有用

診察時の時間を有益に使うのは言語だけの問題ではなく本人の姿勢やスキルの問題です。ただ、文化や習慣が潜在的な壁になりそのことには気付かない場合や、わかっていても具体的にはどう変えればよいのか迷うだけの場合も多いのです。

アメリカでは、八〇年代後半ぐらいから、患者の理解度や満足度を向上させるためのアドボカシー（権利擁護）ワークの必要性が徐々に認められてきました。エイズの患者さんの受療行為を支援する非営利職が出たことをきっかけに、その後がんや認知症などの分野でもプログラムができ始めています。

自然に得るのは難しく意識して資源を配置して行う必要があるほど大切なスキルです。この役割を果たす人が中に入ることで、例えば前の例の方の場合にも、次のような効率のよい会話に変わる可能性があります。

患「こんにちは、先日の検査結果気になっているんですが、肺炎でしたか?」

D「いえ、正常の範囲ですよ。気になるところもないわけではないですが、前の傷とかです。しばらく様子をみましょう。なにもなければ数年で再検査しましょう。ただし、呼吸困難や肺に大きな痛みが出れば、すぐ再検査ですね」

患「先生、他の数字は?」

D「血圧、糖、みんな結構良いので心配ないです」

患「いろいろ先生に言われたこと実行してますよ」

D「そうですか、薬と食事と運動のバランスがうまくいっているのでしょうね。努力しているのが検査の数字に出てますよ。このまま続ければ悪化する可能性は低いでしょう」

患「多少のアルコールは?」

D「前も言いましたが、気を抜くと悪くなりますよ。酒の季節が来ますから、ほどほどに。生活環境などなにか変われば検査値にすぐ出てきますから。そうなると、強い薬を使わなければならなくなるので、気を付けて」

患「じゃ、酒の飲み過ぎ以外、胸の痛みとかは気にしなくていいんですね？」

D「今は循環器系、呼吸器官系、糖、肝臓、みな概ねうまくいってますからこのまま努力を続けていってください。胸は風邪の咳による筋肉痛だった可能性が大ですね。一時的です。良くなってきているのでこのまま様子をみるのが一番良いでしょう」

患「娘が調べてくれて、関節炎のほうには今の薬より良い薬があると聞いたんですが、そっちを飲めば一生飲まなくてもそのうち治る、ってことはないんですか？」

D「薬はありますよ、いろいろ。ただし、主作用が強いと副作用も強い、それにこれまでとは違う副作用が出ます。心臓にも影響がある。薬を変えると体に合うかどうか調整が大変です。今の薬は何百万人も飲んでいてかなり安全ですから、長期継続しても安心です。いつまでも飲みたくない気持ちはわかりますけどね。弱ってしまった心臓を守ったり、弱ってる膵臓は、これはねえ、治りませんよ。血圧の降下剤や糖の調整剤などは、これからも一応は一生のつもりで」

同じ一〇分の診察時間でも、患者さんのアプローチや姿勢によって、会話から得る情報が変わります。そしてこの会話こそ通訳をうまく使えます。

このように会話の質的転換を促すのがアドボカシーですが、リングイストの仕事ではありません。アメリカの場合は、家族や親しい人が同行しない場合に、ケースマネージャーやソーシャルワーカーが同行することがあります。その際は事前になにを尋ねたいのか、なにを知りたいのか、医療治療上でなにかリクエストがあるか話し合っておきます。当事者をサポートするために必要な個人情報を得ても、たとえドクターにでも、それを話して良いのかどうかなど先に了承を得ておきます。

日本語のバイリンガルのケースワーカーやアドボケート（権利擁護者）がいる町であれば、日本人にはそういう方が付きます。いない場合には、通訳ではなく、問題意識を鮮明にもったバイリンガルの親しい人に同行してもらうことがお勧めです。通訳という仕事の縛りがなければ、当事者の代わりに発言したり、その場でどう質問するかなど助言できます。日本なら「今度来るときには、ご家族をお連れくださいね」というところでしょう。

＊病院通訳とアドボカシー

病院側と契約しており、頻繁に病院通訳を務める同僚が、あるとき、私の通訳を観察しました。「まさみさんが通訳に入ると、すごくよくわかる。私も同じこと聞いてるのに、なんでそこまでわかるの、っていうことが多くて驚いた。よくそう言われない？　でも、まさみさんの通訳って通訳じゃないよね。言葉の問題じゃないよね。説明しちゃうでしょう。普段の（病院通訳）仕事でストレスなのは、患者さんが言うことしか訳しちゃいけないでしょ。余計なこと足せないし。

ドクターとかナースも、もっとちゃんと説明してよ、って思うけど、それって通訳からは言えないじゃない？　でも、まさみさんはどんどん聞いちゃう」という感想をいただきました。

「お金もらってるわけじゃないからね。患者さんがこういうこと聞きたいんだろうと思えば質問の仕方を変えちゃう。もちろん、患者さんのドクターなので、一応こういう風に聞いていいですか？　って患者さんに尋ねてからにするけど」

「こういうことが知りたくてこの質問したいのかな、と思えば、○○が知りたいんですか？　って患者さんに先に尋ねちゃう。患者さんがそうですって言えば、その答えが出るような質問の仕方にしちゃう」

彼女はその違いについて考えていた様子でした。

「それってお金の問題？　普通の通訳はそういうことしちゃいけない、って教わるから。言葉を置き換えるだけだって。自分の考えや意見はいっさい入れてはいけないって」

「そうよね、ちょっと詭弁になるかもしれないけど、私の考えでは、自分の考えっていうのは、自分自身に役に立つフレームワークであって、益が自分に返ること、と解釈するなら、私の言動は自分は二の次だから、その意味では自分の考えじゃない。患者さんがなにを知りたいのか、なにを理解したいのか、なにがわかってないのか、ということしか考えないの。

私自身が理解できなくても患者さんが理解していればそれ以上は絶対に質問はしない。自分の疑問も追求しない。私自身が興味をもってもその好奇心を満たすためには一言も、一分も使わない。一〇〇％患者さんの時間と空間だと思っているから。

その代わり、患者さんが恥ずかしくて自分のこととしては聞けないんだ、と確信したときには、私自身が興味があって好奇心を抑えられないのですが、と患者さんに前置きして、患者さんにこういうことをドクターに聞いてみても良いですか、と尋ねたりする。了承があればドクターに尋ねるし、なければ、英語にはしない。だって、私が興味がある、って言ったのは単なる方便なので、本当に自分の好奇心を満たすためには、どれほど短い時間でも患者さんの時間を使うことはしてないつもり。

もっともこっちの目論見が見事にはずれて、患者さんからもドクターからも、あんた、自分のことばかり話してますねえ、と苦笑されたこともあるけど」

「でも、そこまですると、アドボカシーだよね」

「そうなっちゃうかも。だから、通訳としてお金をもらっているときにはできないよね、ちょっと違うから。私は（病院通訳の場合）、コーディネーターかソーシャルワークのボランティアとして入るので（派遣会社から送られる場合は除く）、柔軟性がある」

「すごくうらやましい」

知らず知らずにしていたことをこの人に説明しなければならなくなって初めて違いを明確に意識できました。

＊ボランティアなら通訳とアドボカシーの両輪が可能

一度でも私の医療通訳サービスを使ってくれた患者さんたちは、ほぼ一様に（手前みそで失礼します）「初めてよくわかりました。小林さんの訳はわかりやすいし、ちゃんとした日本語なので実によくわかるんです。あんなに上手な通訳さんはいないって、みんな言ってるんですよ」などと言ってくださいます。

実はその裏で、「病院で派遣してくれる通訳さんは大抵まったく役に立たない。用語もよく知らないし」という評判を良く耳にするのです。これは多分病院側にも伝わっていて、いくつかの病院グループで次々に、医療通訳としての民間認証がないと雇わない、とするシステムに変わりました。そこにはこういう苦情が続出した背景があるのだろうと憶測しています。

なぜ私が他の通訳さんより比較的にはお役に立てるのか尋ねられた時の説明には、アドボカシーなどという言葉は使いません。他の通訳さんたちのプライドや評判を傷つけないように気をつけます。うまい答えを引き出すための質問にはコツがあること、②特別に膨大な知識と豊富な経験をもつドクターを効率的に利用するのは、お料理のコツのように、ドクターにうまく説明してもらうコツがあるんですよ、などと言います。

「患者さんのスキルが足りないのを、足しているんですよ」などとは口が割けても言いません。実際にそうは思っていないからです。患者さんにもプロと初心者とがいます。

①疾患や検査結果で気になることや興味があること、調べてもわからなかったことは思い切っ

て質問してみる、②質問内容は紙に書いておいたものを持ってくる、③薬は名前や色だけではなく、実物のサンプルを持ってきてみせる、④分からないことは分からないと言い、理解できないと言う、⑤勧められても、できないことはできないと、していないことやする気がなければそれも正直に吐露する。

患者さんがドクターの知識や技術のサービスをうまく使うためには、このようなことが必要なのですが、訓練して上手になるスキルであるというような大げさなことではなく、習慣にしていく、慣れていくことです。

普通の優秀な通訳さんは、人それぞれにあわせるように努力しますが、要は患者さんなりドクターが口から出したことを右から左へ正確に訳します。例え話や、説明のコツを工夫したりはせず、まっすぐそのまま訳すのが良い通訳には違いありません。

「私はボランティアだから、普通の通訳さんのように決まったことだけしか言えないという制限はないのですよ」と説明します。

例えば私が患者さん側の通訳に入る場合は、診察室を出た後に、必ずブリーフィング（状況説明）をします。そして（プライバシーの問題がない場合には）歩きながらか、薬局で処方薬の処方を待つ間か、待合室に再び座り込むなどをして、診療時間中の会話の中で出たことで、覚えておいてもらいたいこと、疾病管理に特に重要だと思ったポイントなどのうち、トップ3だけを数回繰り返して告げます。それ以上並べると、患者さんの関心が薄れます。ドクター訪問が終わったのですから、できるだけ早く家へ帰りたいのです。

例えば、前例の三つのポイントを復習するのには一分とかかりません。

①胸の痛みは一時的で肺の検査結果によると心配ない。このまま治まるだろう。

②薬は一生やめられないが、今の段階では変えずにこれまでのものを継続することが良い。

③他の検査では特に心配することはなかった。油断せずに、変化があれば再検査をしてもらうつもりでいるのが良い（高血圧、関節炎、糖は、今の生活習慣を継続し、悪くならないようにすれば近い将来に問題が起こることはない）。

と、まとめます。当事者側が聞く余裕をみせればかっこ内のことを付け加えます。

4 臨床医療者側へのリングイストサービス

同じように病院を訪問する通訳でも、ドクター側からの依頼である場合にはまた少し事情が違ってきます。

一九九六年からカリフォルニア大学サンフランシスコ医学校主催の二週間日本人医師短期集中研修を手伝ってきましたが、患者さんの了承を得た上で、臨床観察を許可されます。その場合はアメリカ人ドクターがオブザーバーの日本人ドクターたちにカンファレンスのようにカルテや検査データをみせて説明しますから、それを通訳することもあります。

患者さんの背景を知り、歴史的な経過や現時点での最新の検査結果や服薬リストもみせていただくことになりますし、その上で患者さんの顔色、声や会話の様子、座る姿勢から歩く姿までを観察して、その健康状態を予想し、結果を日米医師が話し合います。

例えば前述の例の患者さんなら、訪問の主訴はなんなのか（＝胸が痛い、肺炎や肺機能検査結果が出た等）、カルテでは、体重、血圧、体熱などの経年変化を今日のデータと比較し、X線写真や血液検査や尿検査のデータの変遷や正常範囲との比較、生活環境、家庭環境や社会的支援システムの整備の様子、薬の種類や相互作用を考慮した投与量や服薬遵守の様子、過去に問題があった薬剤名、特定の副作用の訴え、アルコール摂取や喫煙習慣、普段の食事の傾向や食習慣全般、食事と疾患の関係の本人の理解度、糖尿専門栄養士指導の内容、他の専門医からの診立てや推薦内容、定期的に必要な予防注射や定期検査に見落としがないかなど、ざっと思い付くだけでもこれらのことがすぐに分かるようになっています。

紙カルテにはその日の予定や検査等の必要事項が簡単に記号や数字で表わされており、電子カルテには、各種データや詳細な記述があります。世はまったくのペーパーレスの方向に動いていますから、研修医の方たちなどもタブレットで患者さんに情報をみせながら、メモも紙媒体を使わず、処方箋も電子形のみという風景です。

餅は餅屋で、これら簡潔な数字や記号をみただけで、ドクターたちは、一瞬で現在その患者さんが置かれている状況の概観を察知するようです。とはいっても、その理解は目の前の患者さんが納得できる形に、簡単に説明できるわけでもないようです。伝えたい内容は総合的な判断の末のことで簡単に表現しようとすればするほど、経過や詳細や検査結果について手短に話すのは無理です。「現状維持で大丈夫」や、「今はＯＫ。この先は様子を経過観察していきましょう。いつまた来てください」とか、「さらなる確認検査をしましょう」の三択程度になりがちです。

ドクターからすれば、結論さえ知っていてもらえば、余計な心配などしなくても、指示した危険信号を避けて、こちらから勧める通りに過ごしてもらえば結果オーライなはずですから、それが本人にとっては一番効率が良い医療サービスに思えるのです。

例えば、一つひとつの根拠を丁寧に説明しても、患者さんは余計に混乱したり、無関係な希望をもったりしがちです。科学的に説明すればするほど、患者さんは限りなく疑問を抱き、新しい質問も限りなく湧き出てきます。少しでも事情が変われば答えも変わるとでも思っているのか、ベーシックに戻った質疑応答が際限なく繰り返されます。どんな素人にもわかるように説明できるのがホントのプロだろう、と息巻くのは簡単ですが、現実の医療の実態はそれほど単純ではありません。

ドクターになるまで関係の学問を十年勉強し、その後もずっと勉強し続けている内容ですから、いくら簡単に説明しても、それを即「はい、そうでしたか！」と納得理解できる患者さんは少ないのです。まして、個別の患者さんは自分の場合は単純なよその人のケースよりここが特殊で、あそこが複雑で、と考えているのです。

そこで、時間の限られた中で精一杯の慈愛で寄り添う説明をとなると、要するに親が幼児をまず安心させて寝かせるパターンになりがちです。諭すように「いやいや、大丈夫」「とにかくこれを飲んだらすぐ寝なさい」と。ただ、この循環に入ってしまうと両者の谷間は限りなく深くなっていき、お互いに疲れ果てます。患者さんは、多少の勉強をしたところで、共通のプラットフォームにはなかなか立てないまま、どれほど多くの説明を聞いても自分の病気についてしか知ることはないのです。

この立場と目線の違いが両者にとってジレンマやストレスの元凶になります。この点については、さまざまな学究論文やコミュニケーション理論も出版されているということは世界中で永遠の課題なのでしょう。

私自身のリングイストとしての信念は、立場やスキルの弱いほうに味方することです。強い人、強い側は対峙すれば当然自分の立場を守れます。けれども、不利な立場や弱い側にいる人には、せめて言語や表現のスキルをもっているリングイストが少しでも助力することでなんとかバランスを取り戻していただきたいと思うのです。弱さや不利を抱えていてもそれに負けずに、どの人もその人なり、それなりに生き抜いていってほしいのです。

あとがき

振り返ってみると、九〇年代半ばに奇跡を起こしたエイズ新薬開発のプロジェクト会議で通訳を担当したのが、リングイストの自覚のはじまりでした。

世の中の大事なことが動いていて、その一環、そのうちのただの一点でしかないにしても、確実にそのなかのひとつの釘として、歯車として働けたことに高揚感がありました。鶏口ではなく、牛後であっても、ちっぽけなことでも、大切で大きなことの中の一断面でお手伝いできたことがうれしかったのです。九〇年代始めはちょうど通訳業務がそれ以前とそれ以降、質的にも変わり、リングイストへのニーズも変わった移行期でした。

私自身も九〇年まではなんでも屋さんプラスちょっとした特殊な世界の知識（エイズ、ビジネス、比較文化、心理学、コンピューター分野など）の範囲で汎用通訳業務をしていました。翻訳も一般的な記事や社会科学系の学術論文、技術系マニュアルなど、要するに汎用翻訳でした。

その後、通訳も翻訳も急激に業界再編の波にのり専門分化していきますが、二十一世紀になると、旅行業界など他業種との交差で業界再編は一層すすみました。汎用業務はエントリージョブになり、また自力や社内でもできる企業が増え、多様な組織にもバイリンガルやトライリンガル職員の層が厚くなりました。

この辺からは、日英語のリングイストとして自営業で生活を立てるのはより難しくなりました。ガイド、コーディネーター、通訳業界も翻訳業界もより専門化がすすみ、既に経験や実績を持つ人に仕事が集中していきました。

エイズ新薬開発に立ち合えたことで、「リングイストという生き方もよいなあ」と思い、他に一生できる仕事を探し続けることも考えなくてよいのかもしれないという意識を持ち始めました。リングイストには、私という人間がそれまで生きてきた総合力を充分に生かす働き場所があると知りました。これはまだ大学院で研究職についていたときの「アルバイト」だったのですが、このあと研究生活を中断するという人生の転機がありました。そして、直後はしばらく比較文化コンサルタントやビジネス経営の手伝いをしていましたが、流れとしては、その後他の仕事を探す暇もなく眼の前の依頼を次々に精一杯こなしているうちにやっとリングイストを自任するようになったわけです。

この半生の仕事を今回の形でまとめることができたのは、フリーライターでブックプロデューサーの斉藤弘子さん、長い間陰になり日向になり応援してくださった現代書館の小林律子さん、多忙ななか細かい配慮でラストスパートを支えてくれた山田亜紀子さんのおかげです。

感謝の思いに包まれよく晴れた独立記念日に、サンフランシスコにて

マサミ・コバヤシ・ウィーズナー

著者と夫・デイヴィッドの似顔絵

The Language of the Heart is the Same for All

Long time ago, I said, "You're more fun than a barrel of monkeys." Masami said, "Nobody compares me with a monkey!" It just means a lot of fun in English, but this was one of the firsts in a series of such cultural faux pas. We work together, so we probably had more share of this than average couple.

Recently I watched her work. A group of Japanese business owners in the car wash and detailing business came to San Francisco. The American business owner was skeptical about his information be very useful because the Japanese culture and business environment being so different.

When she began, the vastness of the Pacific Ocean disappeared as the two sides met on common ground and a free-flowing repartee developed among professionals. There was warmth, laughter, nodding of heads, and exclamations of surprise.

Afterward, somebody asked Masami if she specializes in car care & detailing interpretation. She prepares is a generalist who prepares in advance. but she receives similar questions from specialists on various jobs. Are you an ex-employee? Engineer? Medical profession? To me, this is the highest compliment a generalist interpreter can receive.

She is fluent in both languages and studies for each assignment, but an ability to draw on the common bond is it. In spite of differences in language and expression, the same heart beats in all of us. After many years, I see that Masami is a specialist in speaking the language of the heart. David Wiesner

マサミ・コバヤシ・ウィーズナー
（小林 Wiesner まさみ）

茨城県水戸第二高校卒。カリフォルニア州大学バークレー校心理学専攻。スタンフォード大学院社会心理学研究中退。国際会議の会議通訳者を務める他、カリフォルニア州大学サンフランシスコ医学校で海外医師研修プログラム（IMPACT）のアシスタントディレクター兼コーディネーター（UCSFと二十一年継続で専門家契約）。身体及び精神障害者、HIV感染者、新渡米者や高齢者へのソーシャルサービス等でのボランティア経験が長い。著書に『エイズ！アメリカの闘い』（TBSブリタニカ）、『エイズの時代』（保健同人社）、『シニアが活かすアメリカのNPO』（現代書館）、共著に『老いを生きるためのヒント』（ジャパンタイムス社）など。

サンフランシスコ在住三十五年。現在ビジネスパートナーでもある夫のデイヴィッドと二人暮らし。

リングイストを知《し》っていますか？
――言語《げんご》・経験《けいけん》・おもてなしの世界《せかい》で働《はたら》く――

二〇一七年八月五日　第一版第一刷発行

著　者　マサミ・コバヤシ・ウィーズナー
発行者　菊地泰博
発行所　株式会社現代書館
　　　　東京都千代田区飯田橋三-二-五
　　　　郵便番号　102-0072
　　　　電　話　03（3221）1321
　　　　FAX　03（3262）5906
　　　　振　替　00120-3-83725
組　版　具羅夢
印刷所　平河工業社（本文）
　　　　東光印刷所（カバー）
製本所　鶴亀製本
装　幀　奥富佳津枝

校正協力・高梨恵一
 ISBN978-4-7684-5810-5
定価はカバーに表示してあります。乱丁・落丁本はおとりかえいたします。
http://www.gendaishokan.co.jp/

活字で利用できない方のための
テキストデータ請求券
『リングイストを知っていますか？』

現代書館

シニアが活かすアメリカのＮＰＯ

マサミ・コバヤシ・ウィーズナー 著

アメリカ西海岸に展開する高齢者ＮＰＯの活動・組織・理念。お金がなくても様々なサポートを得て弱肉強食の世の中を豊かに自分らしく生きる高齢者たちの生き様と、シニアの経験・知恵・活動力に支えられるＮＰＯの姿を通してボランティアスピリットの醍醐味を探る。

２２００円＋税

外国語の水曜日
学習法としての言語学入門

黒田龍之助 著

ＮＨＫラジオ「まいにちロシア語」の元講師の本。英語ばかりでなく、さまざまな外国語学習体験記を楽しく平易に解説する。涙ぐましい努力の数々と爆笑の失敗談を読むうちに外国語を学ぶ勇気を身につけられる本。知的で愉快なロングセラー。

２４００円＋税

その他の外国語
役に立たない語学のはなし

黒田龍之助 著

ロシア語と英語を大学やテレビで教えてきた言語学者の初の書き下ろしエッセイ。「その他」に分類されてしまうマイナーな言語を研究している中でおこる悲喜劇を軽快に綴り、「目立たない外国語」を学ぶ愉しみを縦横に語る。

２０００円＋税

日中は異文化だから面白い
言語と文化のプロたちが綴るエッセイ集

相原 茂 編著

日本人と中国人の総勢17名の中国語教師が見聞したそれぞれの異文化体験を軽妙に描いたエッセイ集。お互いの違いが新しい気づきと楽しい発見をもたらす。双方の視点から日本と中国の意外な長所を綴る。実践的で楽しい中国語も併記。

１８００円＋税

スペイン語の贈り物

福嶌教隆 著

ＮＨＫテレビの「スペイン語会話」の講師を務めた神戸市外国語大教授・福嶌氏が描くスペイン語への招待。まったく学習経験のない人から中級者まで、スペイン語の学び方を楽しく解き明かし、スペイン語の魅力を詳述する本。文例多数掲載。

２２００円＋税

電話通訳
息づかいから感じる日米文化比較

スーザン 小山 著

在米20年の著者が在宅電話通訳で体験した日本人の言動の数々。アメリカ文化と日本文化の違いが顔の見えない電話口だからこそ分かる言葉の真実。生死に関わる事柄から、日常のチョットしたトラブルまで数多くの実例で語る日米文化比較。

１８００円＋税

定価は二〇一七年八月一日現在のものです。